Ott | Zuwanderung und Moral

[Was bedeutet das alles?]

Konrad Ott

Zuwanderung und Moral

Reclam

Für Moritz

RECLAMS UNIVERSAL-BIBLIOTHEK Nr. 19376

Gestaltung: Cornelia Feyll, Friedrich Forssman
Gesamtherstellung: Reclam, Ditzingen. Printed in Germany 2016
RECLAM, UNIVERSAL-BIBLIOTHEK und
RECLAMS UNIVERSAL-BIBLIOTHEK sind eingetragene Marken
der Philipp Reclam jun. GmbH & Co. KG, Stuttgart
ISBN 978-3-15-019376-1

Auch als E-Book erhältlich

www.reclam.de

Inhalt

1. Einleitung

Deutschland hatte im Spätsommer und Herbst 2015 faktisch offene Grenzen, über die täglich mehrere Tausende Menschen einreisten. Von diesen wird die überwiegende Zahl politisches Asyl beantragen. Es ist realistisch, von mehr als einer Million Zuwanderern im Jahre 2015 und von weiteren Zuwanderungen in den nächsten Jahren auszugehen. Europäische Lösungen sind derzeit nicht in Sicht; die EU hat sich an dieser Frage auseinanderdividiert. Die Richtlinienkompetenz der Bundeskanzlerin hinsichtlich dieser »großen nationalen Aufgabe« (Merkel) kommt in dem Satz zum Ausdruck: »Wir schaffen das!« Wer aber ist »wir«? Was genau bedeutet »schaffen«? Und worauf bezieht sich das unscheinbare »das«?

Diese geschichtlich gesehen beispiellose Situation war und ist der Anlass für diesen Essay. Eine diskursive Auseinandersetzung über miteinander konkurrierende Moralauffassungen, wie sie im Folgenden vorgelegt wird, erhebt dabei jedoch auch den Anspruch, über den aktuellen Anlass hinaus für die Grundlagen von Flüchtlings- und Migrationsethik von Bedeutung zu sein.

Eine Bürgerschaft kann sich an der Frage, wie mit einem solchen massenhaften Zustrom von Flüchtlingen und Migrantinnen[1] umzugehen sei, bitter zerstreiten. Die Anzahl der Flüchtlinge und Migranten lässt nicht nur die materiellen und administrativen Kapazitäten an ihre Grenzen stoßen: Auch die moralische und politische Dimension dieser Thematik fordert uns alles ab. Die Kontroverse um Zuwanderung ist keine Kontroverse um Fakten und Zahlenwerte, sondern sie ist durchgän-

1 Im Folgenden werden feminine und maskuline Formen gemischt, obwohl auch dies zu Missverständnissen führen kann. Personen mit uneindeutiger geschlechtlicher Identität sind immer mitgemeint.

gig normativ, d. h. sie betrifft die Regelwerke der Zuwanderung. Den rechtlichen Regulierungen vorgelagert sind jedoch moralische Fragen. Sie werden im Folgenden in den Vordergrund gerückt. Es konkurrieren unterschiedliche Moralvorstellungen um die Deutungsmacht in der politischen Öffentlichkeit darüber, an welchen Grundsätzen sich die praktische Flüchtlingspolitik einschließlich der rechtlichen Regulierung in den kommenden Jahren orientieren sollte. Rasch kommt einem angesichts der vielen Stellungnahmen Max Webers idealtypische Unterscheidung zwischen Gesinnungs- und Verantwortungsethik in den Sinn.[2] Die Gesinnungsethik zeichnet sich für Weber bekanntlich dadurch aus, dass sie bestimmte moralische Grundsätze (»Wertaxiome« oder »Prinzipien«) rigoros vertritt. Unliebsame Konsequenzen und riskante Nebenfolgen müssen um der Grundsätze willen, deren Gültigkeit vorausgesetzt wird, in Kauf genommen und bewältigt werden. Diese Konsequenzen gelten als moralisch nachrangig und werden den Weltverhältnissen zugerechnet, die der Moral äußerlich sind. Beispielhaft für eine Gesinnungsethik sind für Weber die

2 »Da liegt der entscheidende Punkt. Wir müssen uns klar machen, daß alles ethisch orientierte Handeln unter *zwei* voneinander grundverschiedenen, unaustragbar gegensätzlichen Maximen stehen kann: es kann »gesinnungsethisch« oder »verantwortungsethisch« orientiert sein. Nicht daß Gesinnungsethik mit Verantwortungslosigkeit und Verantwortungsethik mit Gesinnungslosigkeit identisch wäre. Davon ist natürlich keine Rede. Aber es ist ein abgrundtiefer Gegensatz, ob man unter der gesinnungsethischen Maxime handelt – religiös geredet –: ›Der Christ tut recht und stellt den Erfolg Gott anheim‹, *oder* unter der verantwortungsethischen: daß man für die (voraussehbaren) *Folgen* seines Handelns aufzukommen hat.« (Vgl. Max Weber, *Politik als Beruf*, Stuttgart 1992, S. 70 f.). Streng genommen sollte man von einer Gesinnungs- und Verantwortungsmoral sprechen.

christliche Moral, die die Folgen Gott anheimstellt, sowie ein strikter Kantianismus.[3] Die Verantwortungsethik ist für Weber demgegenüber keineswegs gesinnungs- oder prinzipienlos, denkt aber stärker pragmatisch, abwägend, ausgleichend und folgenorientiert. Sie fragt nach Auswirkungen und Ergebnissen des Handelns nach Grundsätzen. Anders als die Gesinnungsethik betreibt sie Moralfolgenforschung und steht entsprechend stärker in den Traditionen der politischen Philosophie und des Staatsrechtes.

Webers Unterscheidung ist idealtypisch, und viele Stimmen, die sich in der Zuwanderungsdebatte zu Wort melden, mischen gesinnungs- mit verantwortungsethischen Elementen. Jede dieser Mischungen neigt sich jedoch letztlich auf die eine oder die andere Seite der Unterscheidung, und – um die Sache noch komplizierter zu machen – beide Seiten der Unterscheidung können sich auch innerhalb einer Person als moralischer Zwiespalt finden.

Diese idealtypische Unterscheidung soll im Folgenden auf beiden Seiten in ihrer jeweiligen Logik charakterisiert werden. Dafür ist es notwendig, beide Moralen genauer zu beobachten, sie auf ihre Voraussetzungen und Implikationen hin zu untersuchen und sich in die Gedankenwelt ihrer Vertreterinnen hineinzuversetzen, um sie dann abschließend vergleichend beurteilen zu können.

Es geht dabei letztlich nicht um neutrale Moralbeobachtung, sondern im Sinne Max Webers um eine Stellungnahme. Er

3 Kant: »Was ich also zu tun habe, damit mein Wollen sittlich gut sei, dazu brauche ich gar keine weit ausholende Scharfsinnigkeit. Unerfahren in Ansehung des Weltlaufs, unfähig auf alle sich ereignende Vorfälle desselben gefaßt zu sei, frage ich mich nur: Kannst du auch wollen, daß deine Maxime ein allgemeines Gesetz werde« (vgl. Immanuel Kant, *Grundlegung zur Metaphysik der Sitten*, Stuttgart 2008, S. 29).

selbst erklärte den Streit zwischen Gesinnungs- und Verantwortungsethik allerdings für »unaustragbar« in dem Sinne, dass keine Seite die andere argumentativ zu überzeugen vermag. Ich[4] schätze die Chancen einer Verständigung zwischen beiden Moralen nicht von vornherein als aussichtslos ein, obschon ein vollständiger und abschließender Konsens eher unwahrscheinlich ist. Eine auf den zwanglosen Zwang guter Gründe vertrauende, d.h. diskursethische Rahmentheorie und eine Konzeption deliberativer Demokratie[5] sind konzeptionell weder auf Gesinnungs- noch auf Verantwortungsethik festgelegt. Die folgenden Ausführungen sollten nicht zuletzt auch für Personen interessant sein, die sich noch nicht festgelegt haben, sich ein Urteil also erst noch bilden wollen. Sie müssen allerdings bereit sein, sich den irritierenden, verstörenden und bestürzenden Konsequenzen beider Seiten auszusetzen.

4 Vgl. ausführlicher Konrad Ott, *Ipso Facto. Zur ethischen Begründung normativer Implikate wissenschaftlicher Praxis*, Frankfurt a. M. 1997, Kap. 3.

5 Vgl. Konrad Ott: »Diskurs und Ethik«, in: Volker Steenblock (Hrsg.): *Kolleg Praktische Philosophie, Bd. 2: Grundpositionen und Anwendungsprobleme der Ethik*, Stuttgart 2008, S. 111–152.

2. Unterscheidung zwischen Flucht und Migration

Begrifflich ist zwischen Migranten und Flüchtlingen zu unterscheiden. Der Oberbegriff zu »Flucht« und »Migration« soll im Folgenden »Wanderung« sein, und zwar jeweils unterschieden nach Ab- oder Zuwanderung. Flüchtlinge seien definiert als Schutzsuchende, denen ein weiterer Aufenthalt in ihren Heimat- und Herkunftsländern unzumutbar ist. Paradigmatische Fluchtgründe sind politische Verfolgung, Krieg und Bürgerkrieg. Auch geschlechtsspezifische Verfolgung, Epidemien, große Naturkatastrophen und akute Hungersnöte kommen in Betracht. Wer flieht, hat keine sinnvolle[6] Alternative mehr. Zur Flucht ist man deshalb gezwungen, weil man zur Flucht gezwungen wird. Die Genfer Flüchtlingskonvention von 1951[7] bestimmt den Begriff des Flüchtlings über eine »well-founded fear of being persecuted«, d. h. eine wohlbegründete Angst vor Verfolgung. Dabei werden ein subjektives und ein objektives Moment miteinander verknüpft. Das subjektive Moment ist die Furcht, das objektive Moment deren sachliche Begründetheit. Dies verlangt einen Abgleich zwischen Befürchtungen

6 Es besteht noch die Alternative, entweder zu flüchten oder zu kämpfen, letzteres auf die Gefahr hin, im Kampf getötet zu werden. Aus unserer moralischen Grundhaltung heraus ist diese Alternative bei der Bestimmung von Fluchtgründen jedoch nicht relevant: Wir würden keinen Syrer mit dem Argument abweisen, er hätte ja auch bleiben und kämpfen können. Vor brutaler Gewalt darf jeder fliehen. Realpolitisch hingegen ist es nicht abwegig anzunehmen, dass dann, wenn viele fliehen und zu wenige kämpfen, die Chancen der Tyrannen steigen, an der Macht zu bleiben oder sie zu erobern.

7 Im Original *Convention and Protocol Relating to the Status of Refugees.*

und deren Gründen, die von einer zuständigen Instanz mit Blick auf die politische Lage in bestimmten Staaten vorgenommen werden müssen. Diese Abgleiche werden immer Deutungen und Diagnosen beinhalten und sind irrtumsanfällig wie alles, was auf Beurteilung und Ermessen beruht. Daher stellt sich die Frage nach Begründungslasten. Das bloße Gefühl einer Furcht vor Verfolgung ist, da es nicht direkt überprüfbar ist, für Verantwortungsethiker als solches jedoch nicht ausreichend, um den Status einer Person als Flüchtling zu sichern.

Der Begriff des Flüchtlings ist immer intrinsisch normativ: Man versteht seine Bedeutung nicht, ohne zu wissen, dass sein korrekter Gebrauch jede moralische Person in die Pflicht nimmt. Wenn A als ein Flüchtling anzuerkennen ist, dann hat eine jede moralische Person B gegenüber A *prima facie* bestimmte Verpflichtungen. Auf diese begriffliche Einsicht können sich Gesinnungs- und Verantwortungsethiker verständigen.

Migrantinnen hingegen möchten ihre Lebensaussichten und die ihrer Angehörigen durch Auswanderung verbessern. Ein Migrationsgrund kann deshalb auch darin bestehen, durch Auslandsüberweisungen die wirtschaftliche Lage des Familienverbandes zu Hause zu verbessern oder sich als erster Immigrant um den Nachzug weiterer Familienmitglieder[8] bemühen zu können.

Historische Beispiele für Migration gibt es viele. Auch Deutschland war im 19. Jahrhundert ein Auswanderungsland, da die Lebensaussichten in der »Neuen Welt« als günstiger eingeschätzt wurden. Nach der gescheiterten Revolution von 1848 wanderten viele enttäuschte Demokraten in die USA aus.

8 Der Begriff der Familie bezieht sich im Folgenden auf Familienverbände, wie sie in orientalischen und afrikanischen Kulturen üblich sind, nicht aber auf mitteleuropäische Klein- und Kleinstfamilien.

Auch heute noch wandern Bundesbürger aus und niemand käme auf den Gedanken, sie als Flüchtlinge zu bezeichnen.

Migrationsgründe sind in der Regel wohlüberlegt, nachvollziehbar und verständlich. Sie sind, von Ausnahmen abgesehen,[9] moralisch nicht verwerflich und können von Bürgern, die im Wohlstand leben, nicht verübelt werden. Migranten treffen eine existentiell bedeutsame Entscheidung, die ihren weiteren Lebensweg und den ihrer möglichen Nachkommen prägen wird, die aber im Unterschied zur Flucht auch hätte anders ausfallen können. Wie leicht oder schwer die Entscheidung zur Migration bei Abwägung aller Gründe fällt, ist offenbar kulturell unterschiedlich und hängt von jeweiligen Bindungen und Loyalitäten ab. Ethnologisch gesehen, wäre es aber falsch, von einer homogenen Heimatverbundenheit aller Menschen und Völker auszugehen.

Natürlich kann die Entscheidung zur Migration auch aufgrund falscher Informationen erfolgen. Die Erwartungen an ein Leben in Europa sind vielfach überhöht und erfüllen sich für Migrantinnen längst nicht immer. Migration kann deshalb existentiell scheitern, wobei dieses Scheitern den zurückgebliebenen Freunden und Verwandten oft nicht offen kommuniziert werden kann[10]. Migranten verschweigen häufig, welche

9 Etwa das Vorhaben, im Zielland einer kriminellen Tätigkeit nachzugehen, terroristische oder kriegerische Akte zu verüben usw. Diese Absichten werden im Folgenden ausgeklammert. Eine Verknüpfung zwischen der Zuwanderung und den Ereignissen von Paris am 13. November 2015, einer genau geplanten terroristischen Aktion mit 130 Todesopfern, wird bewusst vermieden.

10 Vgl. Lilo Berg: »Interview mit Erhabor Sunday Idemudia: ›Wie Außerirdische in Deutschland‹«, in: *Humboldt Kosmos* 104 (2015), S. 26: »Die meisten sind zu stolz, um die Wahrheit zu sagen. Und so erfährt zu Hause keiner, dass sie arbeitslos sind und mit Drogen dealen oder sich prostituieren. Wer einer schlecht bezahlten, niederen

Berufe sie ausüben (müssen), und leiden vielfach unter psychosomatischen Störungen.[11] Gegenwärtig werden Migrantinnen mit falschen Versprechungen von Schleppern geködert, die sich an ihnen bereichern wollen. Die Transparente mit dem Slogan *Refugees Welcome* sind weltweit zu sehen und werden als Indizien interpretiert, dass es sich lohnt, aufzubrechen. Wir müssen also lernen, die Bilder der Willkommenskultur als eine Ursache für Migration zu sehen. Dies betrifft auch Flüchtlinge, die sich zwar in relativer Sicherheit befinden, aber mehr schlecht als recht in Flüchtlingslagern leben. Die Willkommenskultur eines reichen und freien Landes dürfte bei vielen den Gesichtspunkt überwiegen, der verlorenen Heimat räumlich näher zu bleiben.

Fluchtgründe nehmen uns stärker in die Pflicht als Migrationsgründe. Flüchtlinge brauchen Schutz, den »wir« als politisches Kollektiv ihnen nicht versagen dürfen. Wir gewähren politisch Verfolgten Asyl und sind gemäß der Genfer Konvention dazu verpflichtet, Kriegsflüchtlinge aufzunehmen. Wir sind als Kollektiv verpflichtet, Flüchtlingen Schutz im rechtlichen wie im materiellen Sinne von Unterbringung und Unterhalt zu gewähren, sowie dazu, ihre gesundheitliche Versorgung zu gewährleisten. Unterbringung und Verpflegung darf ihre Gesundheit nicht beeinträchtigen. Diese Aufgaben sind Staatsaufgaben, aber jede Bürgerin hat das Recht, zusätzliche moralische Leistungen zu erbringen, etwa für Flüchtlinge zu spenden, Sprachunterricht zu erteilen oder Personen in der eigenen Wohnung aufzunehmen. Der privaten Hilfsbereitschaft

Tätigkeit nachgeht, als Spülkraft in einem Restaurant zum Beispiel oder als Leichenwäscher, schweigt ebenfalls.«

11 Es wäre nur fair, an diesem Punkt auf den migrationskritischen Diskurs in den Ländern des Südens hinzuweisen, der von den Gesinnungsethikern ignoriert oder marginalisiert wird. In den Herkunftsländern wird oft vor dem »Hype« um Migration gewarnt.

sind kaum Grenzen gesetzt, die institutionelle Verantwortung für Flüchtlinge liegt jedoch letztlich beim Staat, der im Folgenden in diesem Sinne als Gewährleistungsstaat verstanden wird.

Zu Migrantinnen dagegen dürfen wir uns legitimerweise anders verhalten als zu Flüchtlingen; wir dürfen es auch von unseren wohlerwogenen Interessen abhängig machen, welchen Gruppen wir aus welchen Gründen die Einwanderung erlauben wollen oder nicht. Ein Menschenrecht auf Einwanderung in ein bestimmtes Land besteht völkerrechtlich gesehen nicht. Wir können durchaus für Zuwanderung sein, wenn uns dies aus Gründen des Arbeitsmarktes oder des demografischen Wandels sinnvoll erscheint. Lassen wir Migrantinnen einwandern, so beginnt ein Prozess, an dessen Ende vielfach die Einbürgerung steht, die es ebenfalls zu regulieren gilt (etwa hinsichtlich des Problems der doppelten Staatsbürgerschaft). Einwanderer werden dann zu Mitbürgerinnen mit Migrationshintergrund. Unbestreitbar ist, dass deren Anzahl in Deutschland in den vergangenen Jahrzehnten kontinuierlich zugenommen hat. Die Rede vom »Einwanderungsland« sollte allerdings Faktizität und Normativität streng voneinander trennen. Die Faktizität von Zuwanderungsbestrebungen sagt nichts aus über normative Institutionen, die den Umgang mit Flüchtlingen und Migranten regulieren. Rein logisch gesehen lässt sich aus der Vergangenheit der Zuwanderung hinsichtlich ihrer zukünftige Regulierung nichts folgern.

Die Unterscheidung zwischen Flucht und Migration ist nicht so zu verstehen, als gebe es zwei streng voneinander getrennte, d. h. disjunkte Mengen mit jeweils eindeutiger Zuordnung. Vielmehr spannt die Unterscheidung ein Kontinuum zwischen zwei Polen auf: Letztlich muss nach bestimmten, rechtsstaatlich festzulegenden Kriterien entschieden werden, wer als Flüchtling und wer als Migrant eingestuft wird. Kriterien müssen Unterschiede von Einzelfällen festlegen, also im Wortsinne diskriminieren. Spätestens hier beginnen sich aber die Geister zu scheiden: Manche Gesinnungsethiker halten es für grundsätzlich problematisch, dass wir überhaupt Kriterien definieren und anwenden. Für sie stehen Einstufungspraktiken in der Gefahr, anmaßend, willkürlich und unfair, d. h. moralisch diskriminierend zu sein. Die begriffliche Unterscheidung zwischen Flucht und Migration wird somit von Gesinnungsethikern mit etlichen moralischen Skrupeln belegt. Wer darf schon warum behaupten, Furcht vor Verfolgung sei unbegründet?

Unbestritten ist, dass demografische Entwicklungen, verbreitete absolute Armut, die Übernutzung natürlicher Ressourcen, Klimawandel, und Wohlstandsgefälle starke Triebkräfte (*drivers*) zur Migration sind. Angesichts der Weltverhältnisse wäre es verwunderlich, wenn es nicht zu massenhafter Migration käme. Massenhafte Zuwanderungen sind Ereignisse, die entsprechend oft in kollektiven Ausdrücken und naturalistischen Metaphern beschrieben werden (»Zustrom«, »Welle«, »Lawine«). Auch hier beginnen die Geister sich zu scheiden:

Gesinnungsethiker möchten das einzelne Antlitz in der Menge hervorheben, d. h. das unvertretbare Individuum mit seinem Schicksal, seinen Nöten und Hoffnungen sehen. In metaphorischen Kollektivausdrücken könnte demgegenüber eine implizite Abwertung individueller Schicksale liegen.

Verantwortungsethikerinnen sehen in den Bildern von Menschenmassen auf Booten, an Grenzzäunen und Bahnhöfen zwar auch die einzelnen Gesichter, die für sie aber wieder in der Menge verschwinden. Hier zeigt sich das Phänomen des Massenhaften, obschon jeder Mensch eine Einzelperson ist und bleibt.

Die Massenhaftigkeit in der Realität wandernder, lagernder, in Booten gepferchter, sich vor Zäunen zusammenballender Menschen scheint nun – als normative Kraft des Faktischen – die Unterscheidung zwischen Flucht und Migration unterschwellig aufzulösen. An diesem Punkt äußern sich Gesinnungsethiker sonderbar fatalistisch: »Die Leute kommen ja, sie lassen sich nicht aufhalten. Zur Not machen sie sich allein auf den Weg und suchen gewaltsam Chancen für ein besseres Leben.«[12] Die Unaufhaltsamkeitsthese in Verbindung mit dem eigenartigen Hinweis auf Gewaltpotentiale räumt zivilen Regulierungspraktiken nur wenige Chancen ein. Eine klare Unterscheidung zwischen Flucht und Migration wird daher gefährdet sowohl durch moralische Skrupel, sie zur Anwendung zu bringen, als auch durch die Massenhaftigkeit der Zuwanderung und dem daraus resultierenden Fatalismus. Sie würde weiter unterminiert durch die rechtliche Möglichkeit des sog. Spurwechsels, der Asylbewerbern die Option gibt, bei ersichtlicher Aussichtslosigkeit des Asylantrags eine neue Perspektive als Migrant zu erhalten. Die begriffliche Unterscheidung ist somit nicht unverrückbar gegeben, sondern wir müssen uns entscheiden, ob wir an ihr festhalten und, falls ja, wie wir normativ mit ihr im Detail umgehen wollen.

12 So Ulrich Lilie, Präsident der Diakonie Deutschland, in: *Chrismon* 11 (2015), S. 27.

3. Gesinnungsethik

Gesinnungsethikerinnen findet man, wissenssoziologisch gesehen, in akademischen Milieus, in diversen politisch gesehen links orientierten Redaktionen, in Vereinen wie Pro Asyl, in kirchlichen Kreisen bis hinauf in Leitungsfunktionen, in sozialen Netzwerken sowie in etablierten politischen Parteien (Bündnisgrüne, DIE LINKE). Die dort vertretene Moral sammelt sich, Nuancen beiseitegelassen, um den Slogan *Refugees Welcome* und wendet sich gegen die »Festung Europa«. Da die Rede von der »Festung Europa« zunehmend kontraintuitiv wird, entsprechen der Slogan *Refugees Welcome* und die Forderung nach einer Willkommenskultur der generellen Haltung der Gesinnungsethik, die auf einem normativen Fundament ruht, das es zu verstehen gilt.

3.1 Schutz für alle Flüchtlinge?

Eine Willkommenskultur beruht nicht auf Sympathien (wie Gästen gegenüber), sondern hat normative Fundamente. Dadurch unterscheidet sich auch das moderne Asylrecht von archaischen Formen des Gastrechts.[13] Die Willkommenskultur äußert sich als Gastlichkeit und Hilfsbereitschaft, gründet aber ethisch gesehen nicht in diesen Tugenden.

Die Gesinnungsethik hebt häufig bei folgendem Geltungsanspruch an:

Der Staat S hat eine moralische Pflicht O, Flüchtlinge F zu beherbergen h.

13 Der Gast war zwar als solcher geschützt, musste aber vom Gastgeber als solcher erst anerkannt werden, andernfalls war er rechtlos.

Als viergliedriger praktischer Syllogismus formuliert sähe dieser Geltungsanspruch so aus:

1. Flüchtlinge sind Menschen in Gefahr (vor und durch Verfolgung).
2. Man soll Menschen in Gefahr helfen.
3. Staaten können Flüchtlingen helfen, indem sie ihnen Schutz gewähren.
4. Also sollen sie Flüchtlingen Schutz gewähren, d. h. sie beherbergen.

Der obige Grundsatz ist noch unspezifisch hinsichtlich des verwendeten Plurals »Flüchtlinge«. Zwischen einem unbestimmten Plural und dessen möglicher Bestimmung durch den sog. *Allquantor* (»alle«) tut sich ein moralisches Problem auf: Ist ein Gemeinwesen nur dazu verpflichtet, so viele Flüchtlinge zu beherbergen, wie es nach Maßgabe politischer und ökonomischer Erwägungen »verkraften« zu können glaubt? Oder ist es vielmehr dazu verpflichtet, (möglichst) alle Flüchtlinge zu beherbergen und die Leistungen bis an Grenzen des für seine Bürgerinnen noch Zumutbaren zu steigern.

Entsprechend jener Lösung handelt ein Staat bereits dann ehrenwert und löblich, wenn er größere Kontingente von Flüchtlingen aufnimmt. Entsprechend dieser Lösung ist die Praktik der Kontingentierung moralisch immer unzureichend.

Die zweite Prämisse, man müsse »Menschen in Gefahr helfen«, kann nun in die Sprache der Menschenrechte umformuliert werden. Sie lautet dann:

Flüchtlinge haben ein moralisches Anrecht darauf, Schutz zu finden.

Flüchtlinge haben in dieser Umformulierung uns gegenüber eine menschenrechtliche Schutzrechtsposition, die rechtlich umgesetzt werden muss.[14]

Die Umformulierung der zweiten Prämisse ist folgenreich. Wenn man diese Prämisse nämlich nur als Formulierung einer Hilfspflicht versteht, kann man mit Kant argumentieren, dass alle Hilfspflichten wesentlich unvollkommen sind.[15] Rechte hingegen gelten gemeinhin als unabhängig von der Anzahl der Rechtsträgerinnen. Auf den Punkt gebracht: Hilfspflichten sind begrenzt, Menschenrechte, darunter das Recht auf Asyl für politisch Verfolgte, sind es nicht. Die zweite Prämisse ist dann so zu verstehen:

Alle Flüchtlinge haben ein moralisches Anrecht darauf, Schutz zu finden.

Damit ist ein konzeptioneller Übergang von einer Moral der begrenzten Hilfspflichten zu einer Moral der unbegrenzten Erfüllung von Rechtsansprüchen oder, wie manche sagen, der Übergang von einer Moral der Gnade und Barmherzigkeit zu einer Moral der Menschenrechte vollzogen worden. Problematisch bleibt allenfalls noch die dritte Prämisse, die auf ein »können« verweist. Diese dritte Prämisse könnte gesinnungsethisch folgendermaßen umformuliert werden:

Staaten sollen möglichst allen Flüchtlingen Schutz gewähren, sofern sie es bei Aufbietung aller Kräfte vermögen.

14 So lautete die Position der Bundeskanzlerin Angela Merkel: »Menschen, die vor Krieg, Verfolgung und Terror zu uns fliehen, brauchen Schutz und haben ein Recht darauf«, im Interview in der *Frankfurter Allgemeinen Zeitung* (im weiteren *FAZ*), 17. Oktober 2015, S. 5.

15 Ausführlich hierzu Thomas E. Hill: »Kant on Imperfect Duty and Supererogation«, in: *Kant-Studien* 62 (1971), S. 55–76.

Wer diesen Übergang vollzieht, kann sich nicht mehr bei der Einsicht beruhigen, dass alle irdischen Kapazitäten endlich sind. Probleme, die sich im Umgang mit Flüchtlingen und Migranten aus der Endlichkeit materieller und personeller Ressourcen ergeben, müssen dann dadurch bewältigt werden, dass die Ressourcenbasis für Zuwanderungspolitik erweitert wird.

Die Gesinnungsethik in ihrer christlichen Form scheint aufgrund einer zentralen Stelle im Matthäus-Evangelium auf diese unbegrenzte Lösung festgelegt zu sein. Dort heißt es im Kontext der Gerichtsankündigung (Mt 25, 41–46):

> Dann wird er auch sagen zu denen zur Linken: Gehet hin von mir, ihr Verfluchten, in das ewige Feuer. [...] Ich bin ein Fremdling gewesen und ihr habt mich nicht beherbergt. [...] Wahrlich, ich sage euch: Was ihr nicht getan habt einem unter diesen Geringsten, das habt ihr mir auch nicht getan. Und sie werden in die ewige Pein gehen, aber die Gerechten in das ewige Leben.

Für Christen genügt es scheinbar nicht, bestimmte Flüchtlingskontingente aufzunehmen, da in jedem Fremdling, der nicht aufgenommen wird, die Gestalt des Erlösers erscheint. Diese christliche Perspektive lässt scheinbar keine andere Lösung zu als jene, unbegrenzt viele, d. h. (möglichst) alle Flüchtlinge aufzunehmen. Allerdings entspricht diese Lesart nicht der historisch-kritischen Auslegungstradition von Mt 25, die mehrheitlich davon ausgeht, dass mit den Hungernden, Nackten, Gefangenen und Fremdlingen vor allem die christlichen Wandermissionare gemeint sind.[16] Freilich gibt es demgegen-

16 Vgl. Ulrich Luz, *Die Jesusgeschichte des Matthäus*, Neukirchen-Vluyn 1993, S. 146: »Matthäus denkt also wohl ganz partikularistisch, dass das Verhalten der [...] Völker gegenüber den christlichen Missionaren über das Schicksal im Gericht entscheiden werde.«

über genuin christologische Deutungen, die eine universalistisch entschränkte Deutung hinsichtlich all derer vertreten, denen die Werke der Barmherzigkeit geschuldet sind.

Somit gelangt man menschenrechtlich und christologisch gesehen zu folgender Verpflichtung:

Der Staat S hat eine in Menschenrechten gründende moralische Pflicht O, (möglichst) alle Flüchtlinge F zu beherbergen h.

Der Staat kann sich also nicht aussuchen, welche Flüchtlinge er aufnehmen möchte und welche nicht. Er kann nicht zwischen Flüchtlingen unterscheiden, die seinen Bürgerinnen kulturell näher oder ferner stehen, die ihnen sympathisch oder unsympathisch erscheinen, die reicher oder ärmer, beruflich hochqualifiziert oder Analphabeten sind. Dies wäre unmoralische Willkür. Oder anders gewendet: Auch dann, wenn jemand ein Islamist oder Sezessionist ist und durch seinen Staat politisch verfolgt wird, verdient er Asyl. Flüchtlinge müssen also keineswegs lupenreine Demokraten sein. Es versteht sich von selbst, dass politisch Verfolgte politisch denkende Menschen sind, die ihre eigenen Ansichten, Überzeugungen und auch ihre Feindschaften mitbringen. Dies ändert für Gesinnungsethiker nichts an der Notwendigkeit, den unbestimmten Plural im Sinne der unbegrenzten Aufnahme zu deuten. Für sie sind andere Faktoren (etwa die Arbeitslosenrate) und Ziele (Klimaziele, Haushaltsziele) irrelevant. Mit anderen Worten: Die moralische Pflicht darf nicht güterethisch relativiert werden.

Diese Position wirft zwei Anschlussfragen auf:

1. Ist diese Verpflichtung relativ zum Verhalten anderer Staaten oder nicht? Wenn eine Mehrzahl gutwilliger Gemeinwesen diesem Grundsatz beipflichtet, dann können diese Staaten untereinander überlegen (und verhandeln), wie sie Flüchtlinge unter sich (»fair«) aufteilen, da Unterbringung und Versorgung

mit Aufwand und Kosten verbunden sind. Dabei steht leider zu erwarten, dass sich alle zum Prinzip des Flüchtlingsschutzes bekennen, aber dennoch ihre Belastungen so niedrig wie möglich halten wollen. Gründe hierfür finden sich immer. Auch können einzelne Mitglieder dieser Staatengemeinschaft aussteigen und so ganze Staatenbünde gefährden. Dies führt dann dazu, dass einige besonders moralische Länder überproportional hohe Lasten tragen müssen, sofern keine Abstriche am moralischen Prinzip gemacht werden dürfen. Dann kann zuletzt die Situation eintreten, dass wenige Länder mit ihrer Moral und der Not der vielen Flüchtlinge und Migranten zunehmend allein gelassen werden. Wie immer man diesbezügliche Entwicklungen innerhalb der EU im Jahre 2015 beurteilen mag, Gesinnungsethiker beantworten die erste Frage jedenfalls mehrheitlich grundsätzlich so, dass der moralische Absentismus bzw. das Sich-Heraushalten anderer ein Grund für erhöhte eigene Anstrengungen sein sollte. Denn müssen moralische Personen nicht mehr Anstrengungen unternehmen, um ertrinkende Kinder zu retten, wenn andere Badegäste nur zuschauen? Müssen nicht einige standhalten, wenn andere moralisch versagen?[17] Gesinnungsethiker fordern insofern den Schritt in ein moralisches Heldentum, verstehen dies aber als Pflicht, nicht als übergebührliches (supererogatorisches) Verdienst.

2. Es fragt sich zudem, ob Flüchtlinge und Migranten aus eigener Kraft die Grenzen aufnahmewilliger Staaten erreichen müssen oder ob diese eine Verantwortung für die Sicherheit der Fluchtwege haben. Besteht eine Verpflichtung, es (unbe-

17 So Anja Karnein: »Putting Fairness in Its Place: Why There is a Duty to Take Up the Slack«, in: *The Journal of Philosophy* 111/11 (2014), S. 593–607. Sie vertritt die These, dass eine Hilfspflicht, die A und B gegenüber C haben, sich für A gerade nicht verändert, wenn B diese Pflicht nicht erfüllt.

grenzt vielen) Menschen zu ermöglichen, möglichst gefahrlos das Territorium zu erreichen, in dem sie dann endgültig in Sicherheit sind? Gesinnungsethikern kann es nicht gleichgültig bleiben, was Flüchtlingen auf ihren Reiserouten Schlimmes widerfahren kann. Es geht also auch um das Ausmaß extraterritorialer Verantwortung für Flüchtlinge. Muss man nicht alles Menschenmögliche tun, um zu verhindern, dass die Leichen ertrunkener Kleinkinder an europäische Strände gespült werden? Jede andere Antwort als ein unzweideutiges »Ja!« wäre moralisch verdächtig – und dabei ist es unerheblich, ob 93 % oder 97 % der Flüchtlinge und Migrantinnen im Mittelmeer aus Seenot gerettet worden sind oder die Küsten Griechenlands aus eigener Kraft erreicht haben.

Die in diesem Sinne konkretisierte Verpflichtung würde für Gesinnungsethikerinnen in etwa lauten:

Ein Staat S hat unabhängig davon, was andere Staaten tun oder lassen, eine in Menschenrechten gründende moralische Pflicht O, unbegrenzt viele Flüchtlinge F aufzunehmen und zu beherbergen h und, soweit irgend möglich, extraterritoriale Verpflichtungen exV hinsichtlich sicherer Fluchtwege zu übernehmen.

Die Verantwortung für afrikanische Flüchtlinge begänne dann spätestens direkt vor der Küste Nordafrikas. Diese Verantwortungslinie wurde von der EU im Frühjahr 2015 im Gefolge einer Bootskatastrophe faktisch anerkannt, indem sie die Seenotrettungseinsätze vor die lybische Küste verlagerte. Das Risiko, bei der Überfahrt zu sterben, hat sich dadurch deutlich reduziert, allerdings nicht auf null. Freilich ist jede Tote eine zu viel. Auch Verantwortungsethiker akzeptieren, dass die EU sich nicht ohne moralischen Gesichtsverlust hinter diese Grenze zurückziehen kann, weisen aber auf folgenden Umstand hin: In der Konsequenz dieser Verantwortungsübernahme haben die Schlepperbanden ihre Boote so mit Menschen gefüllt, dass diese von vornherein keine Chance haben, das rettende Ufer Europas zu erreichen. Die Präsenz möglicher Retter kurbelt das Geschäftsmodell »Menschenschmuggel« also letztlich an. Der materielle Gewinn liegt auf Seiten der Schlepper, das moralische Risiko aber bei der EU: Ertrinken Menschen, wird im kritischen Migrationsdiskurs[18] die Grenzpolitik der EU schuldhaft verantwortlich gemacht.

Dies weisen Verantwortungsethiker zurück. In ihren Augen findet seit 2014 eine große humanitäre Mission Europas statt, nämlich die Rettung von etwa 200 000 Menschen aus Seenot in einem Zeitraum von zwei Jahren (2014–2015). Die Deutungen der Geschehnisse im Mittelmeer sind also tiefgreifend unterschiedlich: Massenhafte Rettungen versus Inkaufnahme des Ertrinkens Unschuldiger.[19]

Wo soll nun in gesinnungsethischer Perspektive die extraterritoriale Verantwortung für Migranten und Flüchtlinge beginnen, und wo, wenn überhaupt, soll sie enden? Wer dafür eintritt, Fähren zwischen der türkischen Küste und den griechischen Inseln einzusetzen, müsste, denkt man dies Argument weiter, auch für sichere Schiffsverbindungen von Westafrika auf die kanarischen Inseln eintreten. Da viele Westafrikaner in der Wüste ums Leben kommen, bevor sie die libysche Küste erreichen, müssten (mit Zustimmung der jeweiligen

18 Yolande Jansen / Robin Celikates / Joost de Bloois (Hrsg.), *The Irregularization of Migration in Contemporary Europe. Detention, Deportation, Drowning*, London / New York 2014.

19 »At crucial moments in their lives, migrants face circumstances that seem to reduce their ›differential inclusion‹ to an inclusion as persons reduced to bare life (Agamben), or even to a situation where the affluent societies of Europe and elsewhere would rather let them die than let them in.« (Jansen u. a. 2014, S. 3).

Staaten) auch Landkorridore durch Mali und Niger eingerichtet werden. Oder sichere Routen zwischen den libanesischen Flüchtlingslagern und der EU. Und Fähren von Tripolis nach Palermo. Theoretisch sind entsprechende Kapazitäten vorhanden; so könnte man Kreuzfahrtschiffe zu Flüchtlingsfähren umfunktionieren. Auch Luftbrücken sind vorstellbar.

Die Übernahme extraterritorialer Verantwortung für die Sicherheit von Migranten und Flüchtlingen erweist sich, so zeigt sich schnell, als tendenziell uferlos. Sichere Flüchtlingskorridore wären für Migrantinnen der eindeutige Beleg dafür, dass die Willkommenskultur real und ernstgemeint ist. Sie setzen daher starke zusätzliche Anreize zur Migration, d. h. sie wirken als *pull*-Faktor.

3.2 Von Flüchtlingen zu Menschen in Not

Gesinnungsethiker tendieren dazu, für die Ausweitung von Fluchtgründen einzutreten. Da die Unterscheidung zwischen Flüchtlingen und Migranten eine Reihe von schwierigen Grenzfällen mit sich bringt, sollen zunächst diese Grenzfälle unter das breitere Konzept »Menschen in Not« gefasst werden. Die begriffliche Verschiebung von Flucht zu Not leitet die Ausweitung der Schutzpflichten ein, denn ein Fluchtgrund wird nun nur noch an eine Notlage gebunden. Unter den Begriff einer Notlage fallen über die klassischen Fluchtgründe hinaus etwa Kriminalisierung und Stigmatisierung sexueller Orientierungen,[20] absolute Armut, patriarchale Gewalt, prekäre

20 Aufgrund der Komplexität sexueller Orientierung und ihrer unterschiedlichen Kriminalisierung und kultureller Verunglimpfung in vielen Ländern lässt sie dieser Fluchtgrund, so er einmal prinzipiell anerkannt wird, intern stark ausweiten. Hierzu vgl. Janna Weßels: »Sexual Orientation in Refugee Status Determination«,

Lebensumstände, politische Unruhen, drohende Sezessionen, mangelnde Ernährungssicherheit, befürchteter oder real einsetzender Klimawandel, Perspektivlosigkeit, existentielle Frustration, Suizidgefährdung. Die Not auf Erden ist unermesslich. Je länger die Liste der Notlagen und der entsprechenden Fluchtgründe wird, umso mehr verschieben sich die weiterhin auftretenden Grenzfälle zwischen Flucht und Migration in Richtung einer grundsätzlichen Bewertung staatlicher Verhältnisse: Ist es bspw. ein Fluchtgrund, wenn die Rechtsordnung des Herkunftslandes drakonisch ist und etwa Auspeitschungen und die Todesstrafe vorsieht (Saudi-Arabien)? Was, wenn sich nach einer Sezession herausstellt, dass der neue Staat zerfällt bzw. zu einem *failed state* wird (Süd-Sudan)? Was ist mit gewalttätigen Stammesfehden bzw. Tribalismus (Burundi, Ruanda, Kongo)? Was ist mit Ländern, in denen ständig andauernde politische Konflikte sich immer wieder aufs Neue gewaltsam entladen (Palästina)? Was mit diktatorisch verschuldeter Hungersnot (Zimbabwe)? Was mit einem Leben in den Slums tropischer Metropolen (z. B. Nigeria)? Fasst man den Begriff der Notlagen nur weit genug, lebt wohl weitaus mehr als die Hälfte der Menschheit in Not. Und dies bedeutet: Diese Menschen werden durch die Begriffsbildung der Gesinnungsethik, d. h. *ex definitione* zu Flüchtlingen, denen gegenüber Schutzpflichten gelten.

Die Personengruppe der Flüchtlinge würde extrem ausgeweitet, wenn Armut als Fluchtgrund anerkannt werden sollte. Wer dies fordert, könnte argumentieren, dass umgangssprachlich davon gesprochen wird, dass Menschen der Armut entflie-

Refugee Studies Center, *Working Paper Series* 74 (April 2011), Universität Oxford (GB). Weßels stellt die Vermutung auf, die Aberkennung dieses Fluchtgrundes beruhe häufig wohl auf »(potential subconscious) heterosexual biases or even outright homophobia« (S. 40).

hen wollen. An dieser Ausweitung scheiden sich die Geister auch deshalb, weil hieraus uferlose Debatten folgen würden, wie das Phänomen der Armut nun seinerseits zu fassen sei. Es scheint so, als ob sich Gesinnungsethiker über Debatten über Armutsflucht und globale Ungleichheiten freuen, da sie so an das schlechte Gewissen der moralisch gestimmten Wohlstandsbürgerinnen appellieren können.

Durch die Ausweitung verändert sich die oben definierte Verpflichtung folgendermaßen:

> *Ein Staat S hat unabhängig davon, was andere Staaten tun oder lassen, eine in Menschenrechten gründende moralische Pflicht O, unbegrenzt viele Menschen in Not als Flüchtlinge aufzunehmen und zu versorgen und, soweit möglich, sichere Flüchtlingskorridore für sie einzurichten, wobei die Menge der Notlagen folgende Elemente umfasst: a, b, c . . . x, y, z.*

Diese Verpflichtung heiße »extO(r)« für *extended obligation to refugees*. Durch die Ausweitung der Fluchtgründe steigt die Menge der Flüchtlinge, während die Menge der Migranten schrumpft: Gesinnungsethiker weiten den Umfang (also die Extension) des Begriffs »Flüchtling« aus und behalten die moralischen Verpflichtungen bei, die mit der ursprünglich engeren Definition verbunden waren. Die Extension des Begriffs nimmt zu, die normative Intension, die wir mit dem Begriff des Flüchtlings verbinden (»ist als Schutzsuchende aufzunehmen«) bleibt dabei aber unverändert. Am Ende der Ausweitungen gibt es, wie gesagt, fast nur noch Flüchtlinge und kaum noch Migrantinnen. Die Unterscheidung zwischen Flüchtlingen und Migranten bricht zusammen, der Slogan *Refugees Welcome* und das ihm zugeordnete Pflichtenheft sollen für Gesinnungsethikerinnen jedoch unbeschadet aus dieser begrifflichen Verschiebung hervorgehen.

Verantwortungsethiker sehen Gesinnungsethiker im Gefolge der Ausweitung der Fluchtgründe einen *slippery slope* (einen glitschigen Abhang) hinabgleiten.[21] Am Ende müssen (fast) alle Zuwanderer als Menschen in Not und damit als Flüchtlinge aufgenommen werden. Ein *slippery slope* ist dann ein moralisches Problem, wenn

a) der Endzustand unerträglich oder verwerflich ist und
b) wenn kein Halt im Rutschen gefunden werden kann.

Unter der Voraussetzung, dass (Fall a) eine Willkommenskultur ungeachtet der Anzahl der Aufzunehmenden auf Dauer gestellt werden könnte und sich Zuwanderer und Altbürgerinnen gut miteinander arrangieren, gibt es keinen *slippery slope*. Dies aber glauben nur wenige. Gesinnungsethiker können natürlich behaupten, dass dieser *slippery slope* eben der Preis für die richtige Moral sei, und zwar selbst dann, wenn man die Endergebnisse nicht voraussagen könne. Dies sei eben das Risiko der richtigen Moral, das freilich allen Mitbürgerinnen zugemutet werden müsse, aber dieses Risiko widerlege diese Moral als solche nicht. Für die möglichen Folgen der Gesinnungsethik wird damit eine Art Haftungsgemeinschaft zuständig, die auch jene Personen umschließt, die die Gesinnungsethik gar nicht teilen.

21 Zur ethischen Analyse von *slippery slope*-Argumenten vgl. Thomas Zoglauer, »Dammbruchargumente in der Bioethik«, in: Hans Friesen / Karsten Berr (Hrsg.): *Angewandte Ethik im Spannungsfeld von Begründung und Anwendung*, Frankfurt a. M. 2004, S. 309–326. Bereits die mittelalterliche Scholastik kannte übrigens die Frage: »Quo ruimus?« (»Wohin rutschen wir da?«)

3.3 Politische Korrektheit im Diskurs

Gesinnungsethiker brandmarken ihre Opponentinnen häufig mit Vokabeln, die der Sprache der moralisch-politischen Korrektheit (*political correctness*) entnommen sind. Viele Äußerungen werden den Rubriken »fremdenfeindlich«, »rassistisch«, »faschistoid«, »menschenverachtend«, »rechtspopulistisch« usw. zugeordnet. Andere Äußerungen werden verfemt, weil sie xenophoben (fremdenfeindlichen), rassistischen oder faschistoiden Tendenzen womöglich Vorschub leisten könnten. Die Regel, dass in praktischen Diskursen alle Teilnehmerinnen ihre Einstellungen, Interessen, Emotionen usw. äußern dürfen, wird gesinnungsethisch eingeschränkt: »Sofern sie nicht xenophob, rassistisch, menschenverachtend usw. sind (oder entsprechenden Tendenzen Vorschub leisten könnten)«. Der Streit dreht sich also weniger um die Frage, ob rassistische Äußerungen überhaupt gute Gründe für oder gegen Regulierungen sein können, sondern darum, was genau als rassistische Äußerung zählt. Wer bspw. einen Satz vorbringen möchte wie: »Nach meiner Auffassung steht Mitteleuropa nach dem Scheitern des sog. arabischen Frühlings nicht beliebig als Siedlungsraum für die arabische Welt und Nordafrika zur Verfügung«, gilt als »völkisch« orientiert, und »völkisch« grenzt an »rassistisch«. Wer seine Intuition artikulieren möchte, dass das Staatsgebiet ein kollektives Eigentum der Bürgerschaft ist, wird in eine Ecke mit der NPD gestellt (»Land der Deutschen«). Wer das Argument der schieren Zahl vorbringen möchte (»zu viele in zu kurzer Zeit«), gilt schnell als fremdenfeindlich. Verwendet jemand metaphorische Ausdrücke wie »Flüchtlingsstrom«, gilt er als naturalistisch orientiert, Naturalismus als biologistisch, Biologismus als latent rassistisch usw.

Je größer der Bereich von Äußerungen, über die sich das Netzwerk der inkriminierenden Vokabeln legt, umso kleiner wird der Pool der im Diskurs noch zulässigen Gründe. Dies begreifen Gesinnungsethikerinnen als Zivilisierung des Diskurses. Somit gilt:

Ein Staat S hat unabhängig davon, was andere Staaten tun oder lassen, eine in Menschenrechten gründende moralische Pflicht O, unbegrenzt viele Menschen in Not als Flüchtlinge F aufzunehmen und zu versorgen und, soweit möglich, sichere Flüchtlingskorridore für sie einzurichten, wobei die Menge der Fluchtgründe folgende Elemente umfassen: a, b, c ... x, y, z. Gegen diese Verpflichtung darf nur mit Gründen argumentiert werden, die nicht völkisch (v), xenophob (x) oder rassistisch (r) sind, wobei v-, x- und r-Gründe möglichst weit definiert werden dürfen.

3.4 Normativer Individualismus und »overridingness«

Gesinnungsethiker vertreten ethiktheoretisch gesehen einen normativen Individualismus.[22] Der letzte Referenzpunkt moralischer Urteile sind demnach die Rechte und/oder das Wohlergehen einzelner Personen: Jede Person ist gleichermaßen zu berücksichtigen. Belange von Kollektiven als solchen (Völker, Staaten usw.) sind demgegenüber nachrangig oder nicht beachtenswert. Der normative Individualismus wird von einer Mehrheit der Ethiker vertreten. Er ist häufig eine *right based morality*: Flüchtlinge sind keine Bittsteller, sondern haben

22 Vgl. Dietmar von der Pfordten, *Normative Ethik*, Berlin 2010, S. 23 f. Für ihn sind drei Prinzipien für den normativen Individualismus konstitutiv: das Individualprinzip, das Allprinzip und das Prinzip der grundsätzlichen Gleichberücksichtigung. Alle Individuen müssen in moralischen Fragen prinzipiell gleich berücksichtigt werden. Eine Ungleichbehandlung ist begründungsbedürftig.

Rechte, auf die sie uns gegenüber pochen können.[23] Ihr Schutzrecht ist ein Recht auf Teilhabe am inneren und äußeren Frieden sowie auf ein materielles Existenzminimum. Es umfasst alle übrigen Menschenrechte.

Diese Ansicht geht einher mit der Auffassung, moralische Gesichtspunkte seien gegenüber allen anderen Gründen vorrangig. Der Ethiker R. M. Hare nannte dies die *overridingness* moralischer Gründe:[24] Moralische Gründe übertrumpfen Gründe kultureller Traditionen, ästhetischen Geschmacks, Sitten und Gebräuche, ökonomischer Kosten, gewohnter Lebensweisen usw. Daher kann man nicht argumentieren, dass man in seiner Lebensführung von Flucht und Migration unbehelligt bleiben möchte. Wie weit die *overridingness* geht, ist allerdings eine offene Frage: Sind wir etwa dazu verpflichtet, auch dann der Moral wesentliche Aspekte unseres guten Lebens zu opfern, wenn es sich dabei um eine Moral handelt, von der nur andere Personen, nicht aber wir selbst überzeugt sind?

Der normative Individualismus in Verbindung mit der Menschenrechtsmoral und der *overridingness* moralischer Gründe kann als ethisches Fundament der Gesinnungsethik dienen. Sie ist im Diskurs der akademischen Ethik nahezu unangreifbar, da jene Ethiker, die selbst den normativen Individualismus vertreten, latent selbstwidersprüchlich argumentieren müssten, wenn sie in der Flüchtlings- und Migrationsfrage *ad hoc* von ihrer eigenen Position abwichen. Es stellt sich hier sogar die Frage, ob sich auf der Grundlage des normativen Indi-

23 Simon Caney drückt dies präzise aus: »Rights are entitlements: they specify what people can demand from others.« (Vgl. S. C., »Responding to Global Injustice: On the Right of Resistance«, in: *Social Philosophy & Policy* 32/1 (2015), S. 51–73.)

24 Richard. M. Hare, *Moralisches Denken*, Frankfurt a. M. 1992, S. 103–111.

vidualismus eine Verantwortungsethik überhaupt entwickeln lässt.

Der normative Individualismus lässt in gesinnungsethischer Lesart keine Kontingentierungslösungen für Flüchtlinge zu. Zu jedem beliebig hohen Kontingent an Flüchtlingen (»zigtausend«) lässt sich immer noch ein weiterer (der »zigtausendunderste«) Flüchtling hinzudenken, der entsprechend dem normativen Individualismus die gleichen Rechte hat wie sämtliche Flüchtlinge vor ihm.

In der Philosophie wird dieses Problem als »Paradoxie des Haufens« bezeichnet: Nehme ich von einem Haufen Kieselsteine einen Kiesel weg, wird es sich immer noch um einen Haufen handeln. Mache ich das aber sehr viel öfter, wird irgendwann der Haufen kein Haufen mehr sein, ohne dass ich angeben könnte, wo genau die Grenze gelegen hat. In Bezug auf Flüchtlinge stellt sich im normativen Individualismus das Haufenproblem so dar, dass die Größe des Haufens irrelevant ist für die Frage, ob ihm weitere Elemente hinzugefügt werden sollen.

Man kann entsprechend niemals definitiv sagen, ab wann genau die Menge an Flüchtlingen zu groß ist, da große wohlhabende Territorialstaaten keine Rettungsboote oder Sportarenen mit festgelegten Sitzplatzzahlen sind. Länder sind in diesem Sinne niemals bis auf den letzten Platz besetzt. Die Kapazitäten sind auch in Deutschland noch längst nicht erschöpft, sondern ließen sich bei Ausschöpfung aller Rechtsgrundlagen noch deutlich weiter erhöhen: Liegenschaften könnten beschlagnahmt, Wohnraum könnte politisch bewirtschaftet und Steuern könnten erhöht werden. Irgendwo muss und wird sich also für die »Zigtausendunderste« noch ein Platz finden lassen. Für Gesinnungsethiker ist die Rede von Kapazitätsgrenzen daher nur Ausdruck des Unwillens, die Kapazitäten mit den Mitteln des Polizei- und Ordnungsrechtes so weit auszuweiten, wie es die Moral fordert. Wir haben demzufolge noch längst nicht alle unsere Kräfte aufgeboten. Die aus dieser Moral folgenden Aufgaben werden als »Generationenaufgabe« bezeichnet. Die Gesinnungsethik definiert also auch die vordringlichsten Verpflichtungen der heranwachsenden Generation. Dies könnte vielleicht deshalb unproblematisch sein, da sich in Sachen Willkommenskultur viele junge Erwachsene engagieren, die alt genug sind, um zu wissen, dass die Aufgaben der sozialen Integration und der politischen Inklusion vor allem sie selbst und ihre Kinder betreffen werden.

3.5 »false negatives«, »false positives« und die Folgen

Für normative Individualisten ist es schlimmer, wenn politisch Verfolgte fälschlicherweise nicht als Asylanten anerkannt werden, als wenn nicht politisch Verfolgte fälschlicherweise als Asylanten anerkannt werden. Moralisch wiegt für sie ein *false negative* (hier: eine irrtümlich abgelehnte Asylbewerberin) schwerer als ein *false positive* (hier: ein irrtümlich anerkannter Asylant). Dabei können sie sich auf rechtsethische Grundsätze berufen: Es ist schlimmer, wenn Unschuldige im Gefängnis sitzen als wenn Schuldige auf freiem Fuß bleiben. Deshalb gilt: *In dubio pro reo* (Im Zweifel für den Angeklagten), und dieser Grundsatz muss konsequent auf Flüchtlinge angewandt werden. Konsequent heißt hier: Unabhängig von der Relation zwischen *false positives* und *false negatives*. Gesinnungsethisch wäre selbst dann eine Anerkennungspraxis zu fordern, die die Zahl der *false negatives* minimiert, wenn diese Regulierung eine hohe Anzahl von *false positives* zur Folge hätte. Gesinnungsethiker warnen vor *false negatives* und nehmen *false positives* in Kauf.

Vor diesem Hintergrund erscheinen ihnen kollektive Regulierungen (Länderlisten) unstatthaft, da auf diese Weise ein Kerngedanke des Asylrechts, nämlich das Anrecht auf Einzelfallprüfung, ausgehöhlt werde. Man dürfe durch Listen sicherer Herkunftsstaaten nicht ausschließen, dass eine Fülle von Diskriminierungen in der Summenwirkung einer politischen Verfolgung gleichkomme – und dies gelte sogar für Länder der EU (etwa hinsichtlich der rumänischen und ungarischen Sinti und Roma).[25] Für Gesinnungsethiker muss eine sorgsame Einzelfallprüfung und bei Ablehnung eine Rechtsweggarantie für abgelehnte Asylbewerberinnen gewährleistet werden. Gesinnungsethiker haben mit den daraus entstehenden *congestions* (Stauwirkungen) der Verfahren weniger Probleme, da diese Verfahren die jeweilige Aufenthaltsdauer verlängern und sich auch für abgelehnte Asylbewerber im Lauf der Zeit möglicherweise Bleibeperspektiven ergeben. Beide Seiten berufen sich dabei auf Rechtsstaatlichkeit, verorten dessen Gefährdung aber unterschiedlich: Während die einen vor Schnelljustiz warnen, befürchten die anderen eine strukturelle Überforderung der Administration und des Justizwesens und ein schwindendes Vertrauen in deren Verlässlichkeit. Je höher die Zahl der Zuwanderer, umso weniger gründlich kann überprüft werden, ob das, was Personen über sich selbst sagen, der Wahrheit entspricht.

Die Gesinnungsethik hält strategisches Verhalten von Flüchtlingen und Migranten gegenüber Behörden für verständlich oder sogar für berechtigt. Da Flüchtlinge und Migranten mit den Regulierungspraktiken der Aufnahmeländer nur konfrontiert werden, seien ihnen rationale Strategien gestattet, um

25 Verantwortungsethiker geben hier zu bedenken, dass eine Einzelfallprüfung immer zugleich auch ein Unwerturteil über jeden Herkunftsstaat ist, da wir durch unsere Praxis faktisch politische Verfolgung in ihm für möglich halten.

zum Erfolg zu gelangen: so sind etwa Verschleierung ihrer Identität, Umgehung von Registrierung, Tarnen und Täuschen, *non compliance* (also unkooperatives Verhalten), temporäres oder dauerhaftes Untertauchen oder Scheinehen usw. für manche Gesinnungsethiker und für die politische Unterstützerszene legitime Widerstandshandlungen gegen ein repressives Flüchtlingsregime. Mitwirkungspflichten im Verfahren bestehen nicht, denn schließlich müssten Angeklagte vor Gericht auch nicht mitwirken, sondern ihrer Schuld überführt werden. Dieser Rechtsgrundsatz sollte auf Asylverfahren angewandt werden. Das sehen Verantwortungsethiker grundsätzlich anders.

Für Gesinnungsethiker liegen auch bei endgültiger Ablehnung des Asylgesuchs in den allermeisten Fällen überzeugende humanitäre Gründe für eine Duldung des weiteren Aufenthalts vor. Sollten die Rechtsgründe ausgeschöpft sein, kommen die humanitären Gründe zum Zuge. Das *Refoulement*-Verbot (also das völkerrechtlich verankerte Verbot der Rückführung von Personen in Staaten, in denen ihnen schwere Menschenrechtsverletzungen drohen) vermittelt dabei zwischen Recht und Humanität: Auf der einen Seite ist das *Refoulment*-Verbot ein achtenswertes Prinzip der Genfer Flüchtlingskonvention. Auf der anderen Seite ist es interpretationsoffen: Klassische Bestimmungsgründe sind etwa drohende Folter, unmenschliche und erniedrigende Strafen und die Todesstrafe. Auch das *Refoulment*-Verbot lässt sich ausweiten, etwa auf drohende Verstöße gegen Menschenrechte. Was nun aber »drohende Verstöße gegen die Menschenrechte« genau sind, ist abhängig vom System der Menschenrechte, das interpretatorisch zugrunde gelegt wird, sowie von einer risikotheoretischen Bestimmung dessen, was der betreffenden Person drohen könnte. Trägt man in das System der Menschenrechte viele soziale und kulturelle Rechte ein, so bietet das *Refoulment*-Verbot einen nahezu vollständigen Schutz vor Ausweisung. Gegen Sätze wie: »Bedenke doch, was ihr/ihm in ihrem Lande womöglich drohen könnte« lässt sich kaum argumentieren, denn wer wollte sich anmaßen, über das (wie auch immer geringfügige) Risiko einer anderen Person zu befinden, gefoltert zu werden. Der Beweis, dass eine Person bei ihrer Rückkehr wirklich nichts zu befürchten hat (sog. Negativbeweis), ist allerdings nicht zu erbringen, kann daher auch nicht gefordert werden. Es führt daher nur ein Weg an fehlbaren Risikobeurteilungen vorbei: die Einführung eines Bleiberechts für alle.

Das Ende des rechtlichen Asylverfahrens ist für Gesinnungsethiker in vielen Fällen der Beginn der Mitmenschlichkeit. Auf die Durchsetzung von Recht zu bestehen, wird mit Wertvokabeln wie »herzlos«, »mitleidslos«, »engstirnig«, »hartherzig« usw. belegt. Man müsse den einzelnen Menschen sehen, nicht den Paragrafen. Wenn Abschiebungen drohen, bilden sich häufig lokale Initiativen moralisch motivierter Personen, die in Petitionen an die Verantwortlichen humanitäre Gründe geltend machen. Dies geschieht auch dann, wenn eine Abschiebung in EU-Länder wie Malta droht, wo die Versorgungs- und Unterbringungslage weitaus schlechter ist als in Deutschland.

Die humanitäre Duldungspflicht soll auch dann gelten, wenn die ursprünglichen Fluchtgründe fortgefallen sind und Personen gegen ihren Willen in ein Land zurückkehren sollen, das nach Krieg und Diktatur wiederaufzubauen wäre. Dies gilt als unzumutbar insbesondere dann, wenn die neue Lage politisch noch nicht vollauf stabil oder noch unübersichtlich ist. Zurückschicken in Trümmerfelder, Agrarbrachen und in womöglich verminte Gebiete? Im Sommer 2015 wurde kontrovers darüber diskutiert, ob der kommende Winter ein Grund dafür sein dürfe, Abschiebungen in den Balkan auszusetzen.

Für Gesinnungsethiker ist zudem die zeitliche Dauer des

Asylverfahrens und der Duldung bei Ablehnung ein Grund für weitere Duldungen bzw. für eine unbefristete Aufenthaltserlaubnis. Ein normativer Individualismus spricht für Einzelfallprüfung, für Rechtsweggarantien, für anschließende humanitäre Duldung – und die aufzuwendende Zeit für Prüfung und gleichzeitige Duldung spricht für ein Fortwähren. Kettenduldungen sind dann aber nicht Ausdruck von Großzügigkeit, sondern erlegen das Schicksal auf, mit der drohenden Abschiebung leben zu müssen. Gesinnungsethikerinnen skandalisieren sowohl die Rückführung als auch die Duldungspraxis. Es soll die Abschiebung von ausreisepflichtigen Personen verhindert und dann deren Aufenthalt so lange im Status der Duldung verlängert werden, bis die bloße Duldung zu einer zu großen (seelischen) Belastung wird.

Weder die Ablehnung des Asylgesuchs noch der Fortfall der Fluchtgründe soll ein guter Grund sein, einen Aufenthalt wirklich zu beenden und dies mit Rechtszwang durchsetzen zu dürfen. Für Gesinnungsethiker ist jeder Fall ein Härtefall. Der Rechtszwang, der bei der Beendigung eines Aufenthaltes eingesetzt werden muss (»Abschiebung«), der auf Flughäfen zu dramatischen Szenen und in Einzelfällen zu Suiziden geführt hat, ist für Gesinnungsethikerinnen unakzeptabel. Dies seien Deportationen von Menschen an Orte, zu denen sie nicht wollen. Beamte sollten ihre rechtsstaatlichen Standards situativ und informell absenken.[26] Rechtszwang gilt als strukturelle Gewalt; Gewahrsam (»Abschiebeknast«) ist unzulässig, da die Suche nach Asyl kein Delikt sei. Unangekündigte Abschiebungen gelten als besonders perfide. Kirchenasyl ist verdienstvoll. Für die, die sich der Abschiebung in die Illegalität entziehen,

26 Diese Forderung findet sich bei Barbara Kuchler, »Vernünftig, menschlich, illegal«, in: *Le Monde diplomatique*, September 2015, S. 4–5.

gelten Solidaritätspflichten. Zusätzlich zur Verpflichtung »ex-tO(r)« gilt, dass Abschiebungen eigentlich unterlassen werden sollten.. Gelegentlich werden sogar Überlegungen angestellt, ob es nicht eine humanere Alternative zum Rechtszwang wäre, abgelehnte Asylbewerber mit Geldzahlungen zum Verlassen des Landes zu bewegen, um damit den Einsatz von Rechtszwang vermeiden zu können.

Mithin gilt gesinnungsethisch:

Ein Staat S hat unabhängig davon, was andere Staaten tun oder lassen, eine in Menschenrechten gründende moralische Pflicht O, alle Flüchtlinge F aufzunehmen und zu versorgen und, soweit möglich, sichere Flüchtlingskorridore für sie einzurichten, wobei die Menge der Fluchtgründe folgende Elemente umfassen: a, b, c … x, y, z. Gegen diese Verpflichtung darf nur mit Gründen argumentiert werden, die nicht völkisch (v), xenophob (x), rassistisch (r) sind, wobei v-, x- und r-Gründe möglichst weit definiert werden dürfen. Das Refoulment-Verbot ist gemäß einem umfänglichen System der Menschenrechte auszulegen. Abschiebungen sind möglichst zu unterlassen. Vor Abschiebungen müssen alle humanitären Gründe berücksichtigt werden. Alternativen zum Rechtszwang sind zu prüfen.

Dieser Normkomplex impliziert pragmatisch halboffene Grenzen und ein faktisches Bleiberecht für (fast) alle. Genau dies sind aber die Ziele der Gesinnungsethik, zu deren Erreichung das Recht entweder ein taugliches Mittel oder aber ein zu überwindendes Hindernis darstellt.

3.6 Ausreise, Einreise, Fluchthelfer

In jüngster Zeit wird von Gesinnungsethikern eine historische Parallele gezogen: Es galt moralisch als lobenswerte, ja als übergebührliche (supererogatorische) Handlung, unter Risiko Flüchtlinge aus der DDR in die BRD zu bringen. Diese »Fluchthelfer« wurden sogar mit dem Bundesverdienstkreuz geehrt. Wenn nun aber diese Form der Fluchthilfe moralische Anerkennung verdient, dann sei nicht einzusehen, warum jetzt gegen die »Schleuserbanden« polemisiert werde. Wenn ein Staat seinen eigenen Bürgern die Ausreise verwehrt, diese unter Strafe stellt (»Republikflucht«) und illegalen Grenzübertritt mit dem Tode bedroht (Fall A) und ein anderer Staat illegale Einreisen zu verhindern sucht (Fall B), so spielt sich beides an Grenzen ab, die bewacht und gesichert werden und die Menschen von der einen oder der anderen Seite her überwinden wollen. Wer Aversionen gegen Grenzen hegt, wird intuitiv dazu neigen, beide Fälle als gleichwertig zu betrachten. Die äußerliche Ähnlichkeit von Grenzanlagen unterstützt diese Betrachtungsweise. Die unguten Gefühle, die jeden beschleichen, wenn an Staatsgrenzen Grenzbefestigungsanlagen errichtet werden (USA, Israel, Ungarn), befestigen diese Einstellung.

Gleichwohl könnte es hier normative Unterschiede geben. Um diese Möglichkeit zu prüfen, muss man näher auf die Asymmetrie zwischen dem Recht auf »freien Zug«, d.h. auf die Ausreise aus jedem Staat, und dem Nicht-Recht auf Einreise in bestimmte Staaten eingehen. Das Recht auf Ausreise ist ein Abwehrrecht gegen den Staat, d.h. ein Recht gegen Zwangsmitgliedschaft. Derjenige, dessen Staat ihm die Ausreise verweigert, unter Strafe stellt oder durch Grenzanlagen zu verhindern sucht, der ist ein Flüchtling. In diesem Sinne war das, was die DDR als Republikflucht unter Strafe stellte, tatsächlich eine Flucht. Ein denkmögliches Recht auf Immigration wäre hingegen eher ein Teilhaberecht. Falls ein Staat seinen Bürgerinnen die Ausreise gewährt und sie nicht zur Ausreise nötigt, handelt es sich *ceteris paribus* um Migrantinnen. So ergibt sich das irritierende Paradox, das jede, die das Abwehrrecht in Anspruch nimmt, irgendwohin ausreisen muss, aber Staaten völkerrechtlich nicht dazu verpflichtet sind, ein entsprechendes Recht auf Einreise zu gewähren. Diese Paradoxie lässt sich, wenn überhaupt, dann nur praktisch auflösen, wobei sich die gesinnungs- und die verantwortungsethische Lösung diametral unterscheiden: Für Verantwortungsethiker müssen Ausreisewillige ihre Immigration in den Formen des Rechts betreiben, d. h. diese beantragen, ohne dass sie ein Recht auf ein Aufnahmeland ihrer Wahl hätten. Sie müssen vorlieb nehmen mit jenen Ländern, die sich zur Aufnahme bereit erklären.[27] Für Gesinnungsethiker würde sich die Paradoxie elegant dadurch auflösen lassen, dass alle Personen ein Recht auf Immigration in das Land ihrer Wahl erhielten.

Dieser Unterschied zwischen dem Abwehrrecht auf Ausreise und dem Teilhaberecht auf Immigration ist in der Konsequenz relevant hinsichtlich der moralischen und rechtlichen Beurteilung von Handlungen, durch die Personen über Grenzen aus einem Land heraus oder in ein Land hinein gebracht werden.

Zu Schleuserbanden haben Gesinnungsethiker ein gespanntes Verhältnis: Auf der einen Seite liegen deren menschenverachtenden Praktiken so deutlich zutage, dass keine irgendwie moralische Person sie einfach übersehen kann. Wenn Flücht-

27 Im Grenzfall kann sich daraus das Dilemma ergeben, dass strukturell dem Dilemma des »letzten Arztes« in der Medizinethik ähnelt: Jede Patientin hat ein Recht auf ärztliche Behandlung. Gleichzeitig hat jeder Arzt das Recht, keine weiteren Patientinnen anzunehmen. Am Ende muss sich ein Arzt bzw. ein Land finden – oder das Recht auf Behandlung bzw. Ausreise läuft leer.

linge und Migrantinnen, die überwiegend Nichtschwimmer sind, auf kaum seetauglichen Booten so dicht zusammengepfercht werden, dass sie zwangsläufig kentern, sobald sich einige falsch bewegen, und wenn dies für alle Menschen unter Deck den sicheren Tod bedeutet, dann ist dies nach allen gängigen Maßstäben moralisch verwerflich. Da die Schleuser wissen, dass die Rettungsschiffe der EU in der Nähe sind, handelt es sich für sie um einen lukrativen *moral hazard* (ein Risikospiel) mit dem Leben ihrer Kundschaft. Die Zuschreibung von Verantwortung für Menschen, die auf solche Weise durch Kentern und Ertrinken ums Leben kommen, sollte eigentlich unproblematisch sein.

Manche beurteilen die Lage jedoch anders: Die Schleuser werden (häufig nach Konzessionen an deren Kriminalität) als Dienstleister gesehen, die lediglich eine wachsende Nachfrage bedienen. An diesem Punkt wird häufig marktwirtschaftlich argumentiert: Wo eine Nachfrage, da auch ein Angebot. Wolle man das Geschäftsmodell der Schlepper austrocknen, so müsse man legale Einreisen erlauben und Fluchtkorridore einrichten. Da die EU das nicht tue, sei sie (mit)verantwortlich für das Grauen, das sich auf sinkenden Booten und im Innern von Lastwagen abspielt. Gesinnungsethik unterstellt, dass derjenige, der sich für die Bekämpfung des Geschäftsmodells des Menschentransfers ausspricht, dies für das oberste Ziel der Flüchtlingspolitik halten müsse. Unter dieser Prämisse wären dann offene Grenzen das beste Mittel, dieses Ziel zu erreichen.

3.7 »open borders« als Ziel?

Zuletzt werden in der Gesinnungsethik und dem normativen Individualismus kosmopolitische Gründe der Art vorgebracht, es sei schlechterdings zufällig, an welcher Raumzeitstelle ein

Mensch geboren werde und aufwachse. Es sei kein Verdienst, Bürger eines reichen und freien Staates zu sein; eher sei es eine Art Privileg, das – wie alle Privilegien – auf den Prüfstand der Gerechtigkeit gehöre. Gesinnungsethiker fordern entsprechend, die EU-Bürgerschaft als Privileg mit dem einstmaligen Geblütsadel zu vergleichen. Das Bürgerrecht westlicher Staaten sei nicht nur ein hohes Gut, sondern ein moralisch fragwürdiges Privileg.[28] Wenn man die Menschenrechte ernst nehmen würde, so solle man solche Privilegien bekämpfen, das Recht auf Freizügigkeit als ein Menschenrecht verstehen und radikal ausweiten. Daraus ergibt sich die Forderung nach offenen Grenzen.

Ein Plädoyer für diese Sichtweise hält der kanadische Ethiker Joseph Carens in seinem *case for open borders*.[29] Er fordert als langfristiges Ziel die dauerhafte Einstellung staatlicher Kontrollen gegenüber Zuwanderung.[30] Nur durch *open borders* könne man das Paradox auflösen, dass es zwar ein Menschenrecht auf »freien Zug«, d. h. auf Emigration, gibt, dass diesem aber bislang kein Recht auf Immigration korrespondiert. Carens ist sich darüber klar, dass damit ein Anreiz für Zuwanderung gesetzt würde, dem Millionen Menschen folgen werden.[31] Dies ist für ihn als Beitrag zur größeren globalen

28 So Joseph Carens: »Limiting entry to rich democratic states is a crucial mechanism for protecting a birthright privilege«, in J. C.: *Ethics of Immigration*, Oxford 2013, S. 226).

29 Vgl. Carens 2013, insbesondere Kap. 11.

30 Ähnliches wurde auch von marktliberalen Kreisen gefordert, die auf diese Weise Wachstum im eigenen Land ankurbeln wollten. Im *Wall Street Journal* wurde am 3. Juli 1984 eine Ergänzung der US-Verfassung gefordert: »We propose a five-word constitutional amendment: There shall be open borders« (nach Philip Cafaro, *How many is too many? The Progressive Argument for Reducing Immigration into the United States*, Chicago 2015, S. 81).

31 »If the borders were open, millions more would move« (Carens 2013, S. 228).

Gleichheit wünschenswert.[32] Die ökonomischen Konsequenzen sind erwünschte Nebenwirkungen einer menschenrechtlichen Begründung der *open borders.* Politisch gehöre beides allerdings zusammen.[33]

Sollte die bisherige Charakterisierung der Gesinnungsethik zutreffen, so ist es wohl kein Zufall, dass sie in die Forderung nach *open borders* mündet.

Die Schritt für Schritt ausgebaute gesinnungsethische Verpflichtung extO(r) terminiert in die Forderung nach offenen Grenzen als Langfristziel.

Dieser Endpunkt der Argumentation der Gesinnungsethik und ihres *slippery slope* ist eine Lösung, die für Verantwortungsethiker unannehmbar ist, da sie jegliche Versuche für unstatthaft erklärt, Zuwanderung zu regulieren, zu begrenzen und ggf. auch abzuwehren. Carens interessiert sich entsprechend nicht für Folgen, sondern für die besten und idealen Prinzipien; sein *case for open borders* ist, wie er sagt, *a matter of principle*, wobei er Prinzipien und Ideale gleichsetzt. Genau diese Berufung auf ideale Prinzipien kennzeichnet nach Weber die Gesinnungsethik. Diese Radikalität der Forderung nach

32 Es ist auch nur fair, darauf hinzuweisen, dass Carens ein Egalitarist ist, der Gleichheit »partly as an end in itself« (Carens 2013, S. 228) ansieht, also den intrinsischen Wert von Gleichheit einschließlich ökonomischer Gleichheit um ihrer selbst willen vertritt. Daraus resultiert sein Plädoyer für sozialistische Verteilungsprinzipien. (Vgl. J. C., »An Interpretation and Defense of the Socialist Principle of Distribution«, in: *Social Philosophy & Policy* 20 (2003), S. 145–177.)

33 »The control that democratic states exercise over immigration plays a crucial role in maintaining unjust global inequalities and in limiting human freedom unjustly.« (Carens 2013, S. 230.)

open borders verlangt eine Prüfung des Begründungsarguments, die sich Verantwortungsethiker vorbehalten (vgl. hier Kapitel 4, Abschnitt 3).

3.8 Gesinnungsethik, Politik und die Neue Linke

Das Verhältnis der Gesinnungsethiker zur Politik ist uneinheitlich. Man kann eine rein humanitäre und eine stärker politisierte Variante voneinander unterscheiden. Die humanitäre Variante erklärt die »Ob«-Frage, d. h. die Frage, ob Deutschland so viele Zuwanderer wie derzeit aufnehmen solle, für unpolitisch.

Paradigmatisch meint etwa Christoph Hickmann:

> Zwar mag das für die Ob-Frage gelten, also die Frage, ob ein Land wie Deutschland so viele Flüchtlinge aufnehmen soll. Das ist letztlich keine politische Frage, sondern eine der Humanität. Alle anschließenden Wie-Fragen aber sind hochpolitisch: Wie stellt man die Gesundheitsversorgung sicher, wie kommuniziert man mit der Bevölkerung, und wie verhindert man, dass sich ein Großteil der hier Angekommenen zu einem abgehängten Prekariat entwickelt?[34]

Die entscheidende Frage wird entpolitisiert und der Zuständigkeit der Moral zugeschoben. Dabei impliziert offenbar bereits der Begriff der Humanität die affirmative Antwort. Der Politik bliebe dann nur noch die pragmatische Umsetzung dessen, was Gesinnungsethik bzw. Humanität gebieten. Für das Wie sind dann andere zuständig, etwa Krankenkassen, Schu-

34 Christoph Hickmann, »Der SPD-Chef hat sein Thema gefunden«, in: *Süddeutsche Zeitung*, 29./30. August 2015, S. 4.

len, Job-Center oder die Administration. Und man kann von hoher humanitärer Warte aus beklagen, was vor Ort alles nicht so funktioniert, wie es könnte oder sollte. Und wenn die soziale Integration in die Arbeitswelt und die politische Inklusion in die Demokratie bei vielen Zuwanderern nicht wie gewünscht gelingen sollte, folgt die Frage auf dem Fuß, was »wir« falsch gemacht haben mögen.

Andere Gesinnungsethiker machen geltend, dass es unter Prinzipien einer deliberativen Demokratie[35] kaum zu rechtfertigen sei, dass Flüchtlinge und Migranten mit einer Regulierungspraxis des Aufnahmelandes konfrontiert werden, bei deren Zustandekommen sie (naturgemäß) nicht beteiligt wurden. Flüchtlinge und Migranten werden ja nach Gesetzen und Verfahrensregeln behandelt, deren Autorinnen im günstigsten demokratischen Fall die Bürgerinnen der Zielländer sind. Auch eine deliberative Demokratie weise in dieser Hinsicht ein gravierendes Legitimationsdefizit auf. Es sei daher kein Zufall, dass sich Jürgen Habermas über dieses Problem eher ausgeschwiegen habe.[36]

Kurzum: Ausländerrecht, das nur von Inländern gemacht werde, sei eigentlich nicht akzeptabel. Das Mindeste, was hier zu fordern ist, sind verbesserte Möglichkeiten von Immigrierten, ihr Verständnis von Einwanderung und Integration authentisch in die politische Kultur des jeweiligen Aufnahme-

35 Hierzu grundlegend Jürgen Habermas, *Faktizität und Geltung*, Frankfurt a. M. 1992, insbes. Kapitel VII und VIII.

36 Habermas bemerkt zum Problem der Immigration nur folgendes: »Immigration, also die Erweiterung der Rechtsgemeinschaft um Fremde, die Angehörigkeitsrechte erwerben wollen, [erfordert] eine Regelung, die im gleichmäßigen Interesse von Mitgliedern wie Anwärtern liegt« (J. H., *Faktizität und Geltung*, Frankfurt a. M. 1992, S. 158). An solche Regelungen glauben aber vermutlich weder Gesinnungs- noch Verantwortungsethiker.

landes einzubringen.[37] Dadurch könnten sich die Gesetze der Zuwanderung allmählich der Idee einer fairen Beteiligung aller Betroffenen und einer wechselseitigen Perspektivenübernahme annähern. Doch auch dies bringe das Legitimationsproblem nicht zum Verschwinden.

Gesinnungsethiker, die einen Rückhalt in der politischen Philosophie suchen, ziehen daher nicht Theorien deliberativer Demokratie heran, sondern stützen sich vorzugsweise auf die Schriften von Giorgo Agamben,[38] Slavoj Žižek, Alain Badiou, Etienne Balibar u. a.[39] Diese politischen Philosophen verorten die »eigentliche« Politik in den Ausnahmezuständen. Gemäß ihren Theorien kommt es zu »eigentlicher« Politik erst dann, wenn die etablierten Routinen, Ordnungen und Institutionen durch reale politische Ereignisse heraus- und überfordert werden. Sie sind prominente Vertreter einer »neuen« Linken, die Marx' geschichtsphilosophische Lehre vom Klassenkampf[40]

37 Vgl. Monika Kirloskar-Steinbach, »Wie lassen sich liberale Ideale auch auf Immigrierte ausweiten?«, in: *Zeitschrift für philosophische Forschung* 69/3 (2015), S. 326–346.

38 Dem das Verdienst zukommt, als erster Philosoph auf die Flüchtlingsproblematik aufmerksam gemacht zu haben. Zu Agamben vgl. Michalinos Zembylas, »Agamben's Theory of Biopower and Immigrants/Refugees/Asylum Seekers«, in: *Journal of Curriculum Theorizing* 26/2 (2010), S. 31–45.

39 So bietet es sich an, Agambens antike Figur des *homo sacer* auf die moderne Gestalt des Flüchtlings zu beziehen. Für Balibar ist die Wanderungsbewegung eine Probe aufs Exempel der *egaliberté* (etwa: »Gleichfreiheit«). Badiou erhofft sich von der Einwanderung eine Verschärfung der Konflikte in den Metropolen des Kapitalismus und personelle Verstärkung für militante Bewegungen.

40 Vgl. etwa das *Manifest der kommunistischen Partei*: »Die Geschichte aller bisherigen Gesellschaft ist die Geschichte von Klassenkämpfen« (Stuttgart 2014, S. 36).

mit Schmitts Wesensbestimmung des Politischen als eines existentiellen Freund-Feind-Verhältnisses[41] verknüpfen.

Sie alle wissen, wie man mit geschmeidiger Dialektik revolutionäre Akteure als solche identifiziert oder auswechselt, Krisen konstatiert und nahelegt, es herrsche schon fast eine vorrevolutionäre Situation. Auf diese Weise lässt sich das massenhafte Ereignis der Zuwanderung in die Leerstelle des Ereignisses der ausgebliebenen Revolution rücken und Migrantinnen ersetzen das Proletariat. Es sind nicht mehr, wie noch bei Herbert Marcuse,[42] studentische Rebellen, auf die sich revolutionäre Hoffnungen richten. Die Migranten sind die neue Negation der bürgerlichen Gesellschaft, ihr Außen, das unaufhaltsam und konfliktträchtig in deren Inneres dringt und dort die Verhältnisse zum Tanzen bringt. Dies macht die massenhafte Zuwanderung für linke Intellektuelle zum Faszinosum.

Žižek etwa bezieht die Denkfigur Rancières vom »Teil ohne An-Teil« eines Gemeinwesens, der die etablierte Ordnung »aufgrund des leeren Prinzips der Allgemeinheit zum Wanken bringt« auf alle, »die keinen Platz in der existierenden Ordnung haben und frei ›herumgleiten‹« (a. a. O., S. 19), also auch auf Migrantinnen und Flüchtlinge. Denn diese haben in den geschichtlich gefügten Schichtungen westlicher Gesellschaften keinen festen Ort. Die Orte migrantischer Kulturen befinden sich vielmehr am Rande der etablierten Ordnung. Flüchtlinge und Migranten lagern sich an den inneren und äußeren Peripherien der bürgerlichen Gesellschaft an und belagern sie von dort aus. Sie lassen sich stilisiert darstellen als ein paradoxes Singuläres, d. h. ein Singuläres, »das als Platzhalter des Allge-

41 Vgl. hierzu kritisch Oliver Marchart, *Die Politische Differenz. Zum Denken des Politischen bei Nancy, Lefort, Badiou, Laclau und Agamben*, Frankfurt a. M. 2010.

42 Vgl. Herbert Marcuse, *Versuch über die Befreiung*, Frankfurt a. M. 1969.

meinen erscheint und die ›natürliche‹ funktionale Ordnung der Beziehungen im Gesellschaftskörper destabilisiert«.[43]

Besonders deutlich zeigt sich diese politische Philosophie in Žižeks Essay *Wenn die Utopie explodiert*.[44] Nach einer rhetorisch brillanten Schelte des globalen Kapitalismus kritisiert er die überzogenen Erwartungen vieler Migranten und den arroganten Moralismus der »linksliberalen humanitäre[n] Haltung«. Die Flüchtlinge und Migranten sollten ihm zufolge nicht versuchen, ihre Träume vom besseren Leben individualistisch zu verwirklichen, sondern sollten gemeinsam mit aktiven politischen Kräften die Wirklichkeit der Aufnahmeländer verändern. Die linksliberalen Bürger sollten dementsprechend die fruchtlosen Debatten über Toleranz und deren Grenzen beenden und Migrantinnen »einen gemeinsamen Kampf« anbieten: »Respektiert die anderen nicht nur, bietet ihnen einen gemeinsamen Kampf an, da unsere Probleme heute gemeinsame Probleme sind!« Welcher Kampf gemeint ist, geht aus dem Kontext klar hervor. Zusätzlich fordert Žižek von der Menschheit, diese möge sich darauf vorbereiten bzw. bereitfinden, »›plastischer‹ und nomadischer zu leben«. Es geht Žižek also nicht um Integration der Migranten in die Ökonomien des Nordens, sondern um Kampf gegen den »globalen Kapitalismus selbst mit seinen geopolitischen Spielen«, der für ihn die eigentliche Fluchtursache, gewissermaßen die *ultimate cause* ist. Der Kampf gegen diese Fluchtursache ist ein anti-kapitalistischer Kampf, in dem den Flüchtlingen und Migranten eine bedeutsame Rolle zukommen könnte.[45]

43 Alle Zitate aus Slavoi Žižek: *Das Reale des Christentums*, Frankfurt a. M. 2006, S. 18–20.

44 In der *ZEIT*, 10. September 2015, S. 47.

45 Es sei in diesem Zusammenhang daran erinnert, dass Žižek die Institution der Menschenrechte als bürgerlich ablehnt (vgl. S. Ž, »Against Human Rights«, in: *New Left Review* 34, Juli/August 2005, S. 115–131).

Aktivistengruppen wie *No Borders* folgen der Grundlinie einer »anti-capitalist No Border politics«.[46] In ihrem von Marx, Foucault und Agamben geprägten Jargon wird deutlich, worum es ihnen eigentlich zu tun ist. Migration ist eine Form des globalen Klassenkampfes.[47] Die Rechte, die es zu bewahren und zu erkämpfen gilt, sind nicht, wie bei Carens, erweiterte bürgerliche Grundrechte. Vielmehr sind *rights to move/stay* Komponente eines Systems von *common rights*, die aus der kollektiven Praxis des *commoning* (d.h. der Bewirtschaftung von Gemeingütern) hervorgehen und nur *rights of the commoners* sind. Die *no-border*-Politik soll Gesellschaften in einer Weise verändern, die mit der bisherigen Ordnung von Kapital, Staat und Bürgertum unvereinbar ist. Die Lösung der *open borders* verbindet sich also mit jenen Strategien ereignishafter Politik, die auf Überforderung der bestehenden Ordnung abzielen, zu einer revolutionären *no-borders*-Politik. Es bleibt dabei natürlich offen, ob sich größere Gruppen der Migranten und Flüchtlinge dieser Politik anschließen oder die Integrationsangebote bürgerlicher Politik vorziehen werden.

Diejenigen, die normative Elemente der Gesinnungsethik mit solchen politischen Philosophien verknüpfen, müssen die Anzeichen der zunehmenden Erschöpfung und Überforderung der Behörden mit der schieren Zahl der Asylbewerberinnen keineswegs stören. Sie müssen sich aber gegen eine auf Seiten der Verantwortungsethiker aufkeimende Skepsis wappnen. Politisch gesehen, reihen sie sich ja in Denkrichtungen ein, für die Moral entweder ein ideologisches Überbauphänomen oder eine Waffe im politischen Kampf ist, sei es der

46 So Bridget Anderson, Nandita Sharma, Cynthia Wright, »Editorial: Why No Borders?« In: *Refuge* 26/2 (2009), S. 5–18, hier S. 7.

47 »A radical No Border politics acknowledges that it is part of revolutionary change« (Anderson et al. 2009, S. 12).

marxsche Klassenkampf oder der schmittsche Kampf zwischen politischen (Tod)feinden.[48] Innerhalb dieses Theorierahmens wird die Gesinnungsethik als Moral jedoch unglaubwürdig. Pointiert gesagt: Aus der Perspektive von Marxisten und Leninisten ist die Willkommenskultur ein bürgerliches Spektakel nützlicher Idioten, das sich strategisch nutzen lässt.[49] Warum sollten Verantwortungsethiker eine solche *hidden agenda* ausschließen? Was wären aber deren Folgen? Und werden die Flüchtlinge und Migrantinnen dann für politische Zwecke instrumentalisiert, die nicht die ihrigen sein dürften?

48 Vgl. Carl Schmitt, *Der Begriff des Politischen*, Berlin 1932.
49 Vgl. Sebastian Budgen / Stathis Kouvelakis / Slavoj Žižek (Hrsg.), *Lenin Reloaded*, Hamburg 2014.

4. Verantwortungsethik

Verantwortungsethik ist für Max Weber, wie eingangs ausgeführt wurde, nicht gesinnungslos, aber stärker konsequentialistisch (also auf die Ergebnisse des Handelns bedacht), prudentiell (also klug und umsichtig) und pragmatisch ausgerichtet. Vertreterinnen findet man im Rechtssystem und in den politischen Institutionen, an einigen Forschungseinrichtungen,[50] in liberal-konservativen Medien sowie in der SPD und der Union. Verantwortungsethiker verstehen sich in aller Regel als Verfassungspatrioten.

4.1 Asyl als Verpflichtung

Politisch Verfolgte und Kriegsflüchtlinge verdienen auch aus verantwortungsethischer Sicht gemäß Art 16a GG und der Genfer Flüchtlingskonvention aus menschenrechtlichen Gründen unseren Schutz. Das Asylrecht ist für Verantwortungsethikerinnen im Prinzip ein temporäres Teilhaberecht: Politisch Verfolgte genießen dieses Recht auf Sicherheit der Lebensverhältnisse, solange die Verfolgung im Herkunftsland andauert. Dies gilt auch für Kriegsflüchtlinge, deren Status entfällt, wenn der Krieg vorüber ist. Es handelt sich somit um konditionierte temporäre Rechte auf Schutz. Dieser Schutz kann unter Umständen freilich ein Dauerzustand werden, der irgendwann zu einem anderen Rechtsstatus führen sollte. Es muss also rechtlich festgelegt werden, nach wie vielen Jahren von Krieg und Diktatur Flüchtlinge einen anderen rechtlichen Status erhalten

50 Wie etwa das von Kay Heilbronner geleitete Institut Research Centre Immigration & Asylum an der Universität Konstanz oder die *Zeitschrift für Ausländerrecht und Ausländerpolitik*.

sollen. Für Verantwortungsethikerinnen wären drei Jahre eine eher kurze Frist. Verantwortungsethiker plädieren im Sinne der gängigen Verfassungsauslegung für eine enge Auslegung des Begriffs der politischen Verfolgung. Die Verfolgung muss eine staatliche Dimension haben und darf dem Flüchtling im Grunde keine andere Wahl als die Flucht lassen. Bei Unruhen und politischem Terror durch nicht-staatliche Akteure (Boko Haram, Taliban) hat zunächst der Staat die Aufgabe, seine Bürgerinnen zu schützen und ihnen eine Binnenmigration in sichere Landesteile zu ermöglichen.[51] Nicht jede brutale Aktivität jeder Rebellenorganisation ergibt einen Fluchtgrund, der uns in die Pflicht nimmt. Hinsichtlich der Kriegsflüchtlinge legen Verantwortungsethiker größeres Gewicht auf die Begründetheit der Furcht als auf das Gefühl selbst. Für *false negatives* gilt ein Minimierungsziel, das gegenläufig zu dem Ziel ist, *false positives* zu vermeiden.

Verantwortungsethiker erkennen Armut nicht als Fluchtgrund an, und zwar schon deshalb nicht, weil Debatten über die Ursachen und Ausformungen der globalen Armut uferlos sind. Diese Ausweitung der Fluchtgründe lässt eine Überprüfung des Einzelfalls letztlich nicht mehr zu. Wie sollen Behörden feststellen, wie arm oder reich eine Person tatsächlich ist,

51 Im Falle Afghanistans könnte es natürlich besondere Gründe geben, Personen, die von den Taliban bedroht werden, weil sie mit deutschen Militärs kooperiert haben, den Status von Asylanten zuzuerkennen. Ob jedoch die militärischen Erfolge der Taliban in einigen Landesteilen Grund genug für den Asylstatus aller Bewerberinnen aus Afghanistan sind, ist strittig. Nebenbei bemerkt, stellt sich ein ähnliches Problem wie in Syrien: Wer wird gegen die Taliban kämpfen wollen, wenn die Söhne der wohlhabenden Afghanen in den Westen flüchten? Die Migration wird dann selbst wiederum zu einer Fluchtursache, da sich den Taliban immer weniger entgegenstellen.

die sich als Armutsflüchtling ausgibt?[52] Oder soll etwa auch relative Armut als Fluchtgrund gelten, also auch die Ungleichheit zwischen Bürgerinnen Afrikas und der EU? Würde dem zugestimmt, wäre der gesinnungsethische Vorschlag, Armut als Fluchtgrund anzuerkennen, nur ein Zwischenschritt in Richtung *open borders*. Die relative Ungleichheit innerhalb einzelner Herkunftsländer stellt also keinen Fluchtgrund dar.

Asyl zu gewähren, verpflichtet dazu, die politischen Ursachen der Flucht nicht unter den Teppich zu kehren. Im Herrschaftsbereich bspw. des IS zu leben ist gleichbedeutend damit, verfolgt zu sein, will man sich nicht einfach unterwerfen oder zur Anhängerschaft konvertieren. In diesem Sinne teilen wir die Fluchtgründe der Asylsuchenden und dürfen eben dies außen- und innenpolitisch nie vergessen. Das Recht auf Asyl ernstzunehmen bedeutet, sich nachdrücklich daran zu erinnern, wer vor wem warum fliehen musste. Die Kräfte, vor denen zu fliehen es zwingende Gründe gibt, sind die politischen Gegner sowohl der Flüchtlinge als auch der Länder, die den Flüchtenden Schutz gewähren.

4.2 Mitwirkungspflicht

Verantwortungsethiker rechnen damit, dass Migranten sich uns gegenüber als Flüchtlinge präsentieren werden, um in dieser Rolle erfolgsorientiert ihre Einwanderung zu betreiben. Das ist eine verständliche Strategie, die unter Prämissen zweckrationalen Handelns nicht kritisiert werden kann. Sofern wir

52 Ein ähnliches Problem stellt sich bei den Personen, die behaupten, aufgrund ihrer sexuellen Orientierung verfolgt zu sein. Es bezieht sich auf die Behauptung einer Person, homosexuell veranlagt zu sein. Diese Behauptung aber ist »easy to claim and impossible to disprove« (vgl. Weßels 2011, S. 28).

Personen als Flüchtlinge anerkennen, verpflichten wir uns ihnen gegenüber rechtlich zu materiellen Leistungen und bieten eine Bleibeperspektive. Der Status des Flüchtlings ist also von Vorteil. Generell ist es möglich, moralische Kommunikation strategisch einzusetzen, um damit perlokutionäre Effekte bei anderen zu erzielen. Die Moral der Anderen kann für eigene Zwecke instrumentalisiert werden.[53] Wer solche Strategien ausschließt, ist kein moralisch besserer, sondern allenfalls ein besonders gutgläubiger Mensch.

Marxisten bejahen solche Strategien, da sie eine legitime Strategie der Armen und Schwachen seien, die Moral der Reichen und Mächtigen zu kapern. Für Kantianer taugt die Maxime, die moralische Rede bei passender Gelegenheit strategisch einzusetzen, um sich Vorteile zu verschaffen, nicht zur Grundlage einer allgemeinen Gesetzgebung, da sie die Glaubwürdigkeit moralischer Kommunikation untergräbt. Diskursethiker sollten an diesem Punkt den Kantianern beipflichten. Täuschungsversuche sind ähnlich zu bewerten wie Notlügen: Man versteht sie nur zu gut, aber darf sie nicht gelten lassen.[54]

4.3 Das »open border«-Argument auf dem Prüfstand

Joseph Carens' Argument für *open borders* geht fehl. Sein Argument ruht auf der Prämisse, dass ein Recht auf Freizügigkeit im gesamten Staatsgebiet anerkannt wird. Er wehrt sich gegen

53 Diskurs- oder Verantwortungsethiker dürfen diese Möglichkeit nicht ausschließen, die in Habermas' *Theorie des kommunikativen Handelns* klar vorgezeichnet ist.

54 Ein gänzlich anderer Fall liegt vor, wenn traumatisierte Personen psychisch nicht in der Lage sind, eine konsistente (lückenlose, kausal klar geordnete) Geschichte über ihre Flucht zu erzählen. Das Problem der Traumatisierungen blende ich mangels Kompetenz aus.

die Möglichkeit, dieses Recht nur als ein Bürgerrecht zu begreifen, da dann sein Argument von vornherein zum Scheitern verurteilt ist. Für das Grundgesetz ist das Recht auf Freizügigkeit gemäß Art. 11 ein Recht für deutsche Staatsbürger. Die Ausweitung eines Bürgerrechts besagt nur: Alle Menschen haben das Recht, sich als Bürgerinnen und Bürger frei in ihrem jeweiligen Land zu bewegen. Daraus folgt jedoch nicht: »Jede und jeder hat das Recht auf Freizügigkeit in allen Staatsgebieten.« Carens dagegen begreift das Recht auf Freizügigkeit als allgemeines Menschenrecht und beruft sich hierfür auf Artikel 13 der Menschenrechtskonvention von 1948. Diese Berufung geht jedoch deshalb fehl, weil Artikel 13 auch nur ein Bürgerrecht formuliert: »Jeder Mensch hat das Recht auf Freizügigkeit und freie Wahl seines Wohnsitzes innerhalb eines Staates.«[55] Damit ist nicht jeder beliebige Staat gemeint, sondern nur und ausschließlich der jeweilig betroffene Staat.[56] Artikel 13 Absatz 2 formuliert das Recht jedes Menschen, in sein Land zurückkehren zu dürfen, also ein klares Bürgerrecht. Es gibt jedoch kein Menschenrecht darauf, in jedes Land zurückkehren zu dürfen, in dem man sich einmal aufgehalten hat. In der Lesart von Carens würde Art. 11 GG den Menschenrechten widersprechen, was meines Wissens noch niemand behauptet

55 Im Original lautet Artikel 13: »Everyone has the right of freedom of movement and residence within the borders of each state.« Der Wortlaut lässt tatsächlich die Lesart zu, jede und jeder habe das Recht sich in jedem Staat niederzulassen. So ist Art. 13 aber nicht gemeint. Der geschichtliche Kontext der Gründungsphase der UN spricht gegen die Deutung von Carens, denn Artikel 13 richtet sich explizit gegen staatliche Umsiedlungen von Teilen der eigenen Bevölkerung im eigenen Land, also gegen das Verbringen von Minderheiten in Reservate u. dergl.

56 So sieht es auch Cafaro: »The right of movement of residence is clearly limited to a citizen's home country« (Cafaro 2015, S. 208).

hat. Das Argument beruht somit auf der Verwechslung von Menschen- und Bürgerrechten. Diese Verwechslung geschieht deshalb so häufig, weil jedes Bürgerrecht auch einen menschenrechtlichen Aspekt hat. Ein Beispiel: Es gibt Menschenrechte auf politische Freiheiten, aber nur Deutsche haben das Recht, den Bundestag zu wählen oder sich zu Abgeordneten wählen zu lassen.

Begründungstheoretisch gesehen ist das Argument also nicht haltbar und es vermag die Last seiner Konsequenzen nicht zu tragen. Gleichwohl können wir uns mögliche Konsequenzen von *open borders* in verantwortungsethischer Perspektive vor Augen führen. Angesichts der *open borders* dürfte sich das bewahrheiten, was Michael Walzer befürchtet: Wer die Grenzen öffnet, also die »Festung Europa« schleift, schafft viele kleine befestigte Burgen im Innern.[57] Es würden sich *gated communities* und selbsternannte Bürgerwehren bilden. Bei *open borders* stehen weite Teile der Rechts- und Sozialordnung zur Disposition. Wie sollte man mit der fast unvermeidlichen Bildung von Ghettos, mit Verslumung und mit halblegalen *squatter*-Siedlungen umgehen[58]? Welche Geschäftsmodelle sollen wir dulden, welche Steuern sollen wir bei wem erheben, wer hat Zugang zu welchen Sozialleistungen[59] usw.?

57 Vgl. M. W.: »Die Mauern des Staates niederreißen, heißt nicht, […] eine Welt ohne Mauern zu schaffen, sondern vielmehr tausend kleine Festungen zu errichten« (vgl. M. W., *Sphären der Gerechtigkeit. Ein Plädoyer für Pluralität und Gleichheit*, Frankfurt a. M. 1994, S. 75).

58 Vgl. umfassend Mike Davis, *Planet of Slums*, London / New York 2006.

59 Vgl. Eberhard Eichenhofer, »Wohlfahrtsstaat und Migration«, in: *IMIS Beiträge* 47 (2015), S. 99–115. Der historische und politische Zusammenhang zwischen Wohlfahrtsstaat und Nationalstaat löst sich, so Eichenhofer, zunehmend auf, denn der deutsche Wohl-

Verantwortungsethiker fragen, welche Verpflichtungen Staaten im Falle von offenen Grenzen gegenüber den Zuwanderern haben: Haben sie weiterhin Schutzpflichten gegenüber Flüchtlingen (Unterbringung, Versorgung, Zugang zu medizinischen Leistungen[60]) oder entfallen derartige Verpflichtungen? Oder sollte unter der neuen Situation von *open borders* die alte Unterscheidung von Flüchtlingen und Migrantinnen wieder zu neuen Ehren kommen? Auch bei *open borders* könnten die echten Flüchtlinge materielle Versorgungsansprüche an den Staat stellen, während die Migranten selbst sehen müssten, wie sie sich durchschlagen, da die *open borders* für sie ein reines Freiheitsrecht auf Einwanderung wären. Damit würde das alte Spiel unter verschärften Bedingungen von neuem beginnen: Wir müssten alle Zuwanderer ins Land lassen, um dann die Teilmenge der Flüchtlinge zu identifizieren und sie materiell zu versorgen. Dies würde bedeuten, Grenzkontrollen aufzugeben und dann die im Innern gestellten Asylanträge weiterhin wie bisher üblich zu prüfen. Dann würden die Asylanträge auch bei *open borders* weiter ansteigen. Soll vielleicht gar auch bei *open borders* die oben dargestellte Ausweitung der Fluchtgründe Bestand haben, so dass die überwiegende Menge

fahrtsstaat habe sich faktisch gegenüber Nichtbürgern geöffnet, insbesondere gegenüber EU-Bürgern. Eichenhofers Aussicht auf eine »Welt transnationaler Wohlfahrtsstaatlichkeit« (ebd., S. 100) bleibt aus verantwortungsethischer Sicht utopisch-nebulös. Auch für ihn markiert Migration aber die Grenzen des traditionellen Wohlfahrtsstaates. Das Problem der Zuwanderung in den Wohlfahrtsstaat ist also keine Erfindung von Fremdenfeinden.

60 Den jetzigen Zustand dieses Zugangs kann man durchaus kritisieren. Es fragt sich jedoch, ob alle Zuwanderinnen, die etwa unter posttraumatischen Belastungsstörungen leiden, ein Recht auf psychotherapeutische Betreuung haben. Und viele Flüchtlinge und Migranten haben eine gründliche Zahnbehandlung nötig.

der Einwandernden teilhaberechtliche Ansprüche auf Schutz haben soll?

Gleichzeitig sollen wir die Zuwanderer an den Regulierungen von Asyl und Einbürgerung im Land der *open borders* beteiligen, um der angeblichen Legitimationskrise der parlamentarischen Demokratie entgegenzuwirken. Entsprechend würden die *open borders* im Namen der Demokratie Einbürgerungen großen Stils nach sich ziehen, und das Gut der Staatsbürgerschaft würde inflationiert.[61] Die Folgeprobleme von *open borders* sind für Verantwortungsethiker somit insgesamt unannehmbar.

Die Gesinnungsethik mündet, wie wir gesehen haben, in den *case for open borders*. Dieser aber ist mangelhaft begründet und in seinen wahrscheinlichen Folgen aberwitzig. Dieses Ergebnis sollte den Gesinnungsethikern zu denken geben. Sie müssten sich Halt auf dem *slippery slope* verschaffen. Aber schaffen die das?

4.4 Legitimität von Ausländergesetzen

Zuwanderer müssen in verantwortungsethischer Sicht nicht direkt an der Gesetzgebung beteiligt werden, da man sich davon nicht viel mehr versprechen kann als eine lange Liste von Forderungen, an deren Ende immer die Forderung nach einem »Bleiberecht für alle« und *open borders* stehen würde. Einen reinen moralischen Diskurs im habermasschen Sinne kann es nicht geben, da es keine Lösung gibt, die im gleichmäßigen In-

61 Für Verantwortungsethiker ist die Staatsbürgerschaft ein hohes Gut. Etwa für Michael Walzer: »Das erste und wichtigste Gut, das wir aneinander zu vergeben und zu verteilen haben, ist Mitgliedschaft in einer menschlichen Gemeinschaft« (so Walzer 2006, S. 65).

teresse aller Betroffenen liegt. Aus dem Umstand, dass wir Staatsbürger auf demokratischem Wege eine Ausländergesetzgebung verabschieden und umsetzen, ergibt sich noch lange keine Legitimationskrise der parlamentarischen Demokratie. Es liegt ja auch kein Skandal darin, dass Touristen, Forscher und Gastarbeiter unter die Jurisdiktion des Gastlandes fallen. Wer das Argument der Legitimitätskrise radikal zu Ende denkt, müsste fordern, dass Zuwanderer die gesamte Rechtsordnung des Aufnahmelandes in Frage stellen dürfen, an deren Zustandekommen sie ja auch nicht beteiligt wurden. Dies erscheint aber absurd. Die Frage ist, wie man sich einen Diskurs zwischen Inländern und Migranten über Einwanderung und Einbürgerung vorstellt. Seyla Benhabib stellt ihn sich als eine direkte Gesprächssituation zwischen Anwesenden vor, in dem die Begründungslasten zugunsten der Migrantinnen verteilt sind.[62] In einer solchen *face-to-face*-Situation ist es allerdings kaum möglich, eine Einzelperson prinzipiell als Migrantin oder potentielle Mitbürgerin zu disqualifizieren, ohne ihr gegenüber implizit moralische Missachtung zu äußern. Damit setzt man sich rasch ins Unrecht. Die Rechtfertigung von Einwanderungspolitik sollte daher nicht als unmittelbare *face-to-face*-Situation modelliert werden, sondern sollte höherstufig und entsprechend allgemeiner erfolgen.

Verantwortungs- und diskursethisch gesehen ist es hinreichend, wenn die Regulierungspraxis eines Staates gegenüber

62 »Wenn du und ich einen moralischen Dialog miteinander führen und ich im Gegensatz zu dir ein Angehöriger des Staates bin, dessen Staatsangehörigkeit […] du erwerben willst, dann müßte ich, um dir das zu verwehren, mit guten, für uns beide gleichermaßen akzeptablen Gründen nachweisen können, dass du dich unserer Gemeinschaft keinesfalls anschließen und einer von uns werden darfst« (Seyla Benhabib, *Die Rechte der Anderen. Ausländer, Migranten, Bürger*, Frankfurt a. M. 2008, S. 137).

Zuwanderern vor einem universellen Auditorium gerechtfertigt werden kann, d. h. vor den Körperschaften der Vereinten Nationen. Verantwortungsethiker erkennen ein Recht der Völker- und Staatengemeinschaft auf die Rechtfertigung der Zuwanderungspolitik durch einzelne Länder und Ländergruppen (wie etwa die EU) an. Die Vollversammlung der UN ist ein Forum für solche Rechtfertigungen, das Hochkommissariat für Flüchtlinge ein weiteres. Dieser Begründungskontext ist normativ gehaltvoll. Die Standards der Genfer Flüchtlingskonvention sind in ihm bindend. Verantwortungsethiker fühlen sich an diese Standards gebunden, die zu den völkerrechtlichen Errungenschaften der Nachkriegszeit zählen. Die Regulierungen einzelner Staaten werden in dieser Begründungssituation nicht nur mit gesinnungsethischen Idealen verglichen, sondern auch mit Migrationsregimen in anderen Ländern. Falls nicht an Idealen, sondern im Vergleich an den Standards der Flüchtlingskonvention bewertet wird, so dürfte die deutsche Flüchtlings-, Asyl-, Einbürgerungs- und Migrationspolitik, global betrachtet, (sehr) gut abschneiden. Deutschland ist für seine großzügige Migrationspolitik vom Hochkommissariat wiederholt gelobt worden.[63]

4.5 Ablehnung und Rückführung

Staaten haben ein Recht, Asylgesuche abzulehnen und unter der Einschränkung des *Refoulement*-Verbots unberechtigte Aufenthalte zu beenden. »Das Recht ist mit der Befugnis zu

63 UN-Flüchtlingskommissar Antonio Guterres bemerkte: »Germany has played a leading role in refugee protection and serves as a positive example for other European states to follow« (Äußerung vom 4. 9. 2014 (!)), *EurActivCom*, Netzzugriff am 7.11. 2015).

zwingen verbunden« (Kant).[64] Ähnlich wie ein Richter dem Verurteilten gegenüber eine Haftstrafe rechtfertigt, so müsste es im Prinzip möglich sein, gegenüber abgelehnten Migrantinnen die Ablehnung und deren Rechtsfolgen zu rechtfertigen. So wie der Verurteilte als natürliche Person sagen darf: »Ich will nicht ins Gefängnis«, so darf der abgelehnte Asylbewerber sagen: »Ich will nicht zurück nach X«. Für Verantwortungsethiker stellen derartige Willensbekundungen an sich aber keinen Grund dar, das Recht nicht anzuwenden. Rechtszwang ist nicht als solcher ein moralischer Skandal. Wenn wir in jedem Einzelfalle vor dem empörten Aufschrei »Aber es sind doch Menschen!« moralisch einknicken, dann sollten wir ein Bleiberecht für alle einführen, die es bis in unser Land geschafft haben. Wer diese Lösung ablehnt (s. o.), muss Aufenthalte von Zuwanderern beenden können wollen. Modalitäten sind für Verantwortungsethiker politisch verhandelbar.[65] Sie wünschen sich jedoch eine politische Kultur, in der nicht jede Aufenthaltsbeendigung moralisch skandalisiert wird.

4.6 Notstandsethik?

Staaten und Völker dürfen neben ihrer Flüchtlingspolitik legitimerweise noch andere wirtschaftliche und kulturelle Ziele verfolgen. Um mit für Verantwortungsethikern klaren Fällen

64 Immanuel Kant, *Die Metaphysik der Sitten*, Stuttgart 1990, S. 68 (»Einleitung in die Rechtslehre«, § D).

65 Dies betrifft etwa die Beendigung von (Ketten-)Duldungen bzw. die Frage, ob Duldungspraktiken an sich nicht der falsche Weg sind. Falls eine verbreitete Strategie darin besteht, angesichts der drohenden oder angekündigten Abschiebung temporär unterzutauchen, so sind unangekündigte Abschiebungen ein legitimes Gegenmittel, dessen Einsatz keinen Verstoß gegen die Menschenwürde darstellt.

zu beginnen: Staaten sind bspw. nicht dazu verpflichtet, ihre Wälder zu roden, um Siedlungsflächen für Migranten zu schaffen. Ähnliches gilt für Flächen, auf denen Ziele des Naturschutzes verfolgt werden. Gesinnungsethiker schlagen vor, dünnbesiedelte Landesteile, falls es sie überhaupt noch gibt, mit Migrantinnen quasi aufzufüllen, die Siedlungsdichte dort also zu erhöhen, um die ohnehin schon dichtbesiedelten Landesteile nicht zusätzlich zu belasten. Hierfür kämen vor allem die neuen Bundesländer in Betracht, die nach 1990 Bevölkerung verloren haben. Verantwortungsethiker halten den Einstieg in eine gesinnungsethische Raumordnungspolitik jedoch für gefährlich. Die Verteilung der Zuwanderer nach Bevölkerungszahl (Ballungsgebiete) ist genauso problematisch wie die unter dem Gesichtspunkt leerstehender Wohngebäude (periphere Räume).

Jedes reiche Land hat Kapazitäten an Liegenschaften, die sich zur Unterbringung von Flüchtlingen und Migrantinnen eignen. Diese sind jedoch knapp in dem Sinne, dass die Opportunitätskosten der Unterbringung schrittweise steigen. Gesinnungsethiker beziehen diese Kosten aber nur äußerst ungern in ihre Überlegungen ein.[66] Der bestehende Baubestand (wie etwa Turnhallen) dient vielen Aktivitäten, an deren Ausübung uns gelegen ist. Länder sind nicht dazu verpflichtet, all ihre Feriensiedlungen, Hotels, Jugendherbergen, Zweitwohnungen, Internate, Tagungszentren usw. dauerhaft mit Flüchtlingen und Migranten zu belegen. Derartige Maßnahmen würden das Recht auf Freizügigkeit im gesamten Bundesgiebet für diejenigen Personen einschränken, die laut Art. 11 Absatz 1 GG die Rechtsträger sind.

Freilich erlaubt Art. 11 Absatz 2 GG Einschränkungen auf ge-

66 Etwa die Angst von Bürgern, dass die Immobilien in der Nähe von Erstaufnahmeeinrichtungen an Wert verlieren könnten.

setzlicher Grundlage. Die Falltypen, die Art. 11 Absatz 2 aufführt, lassen sich jedoch kaum auf Zuwanderungspolitik beziehen. Es bestehen zwar rechtsstaatlich zulässige Möglichkeiten, in Notsituationen Liegenschaften zu beschlagnahmen und gegen Entschädigung zu enteignen. Man bewegt sich dann hin zu einer Notstandsethik und -politik. Verantwortungsethiker werden aber dann hellhörig, wenn Maßnahmen, die normalerweise unzulässig sind, mit Hinweis auf Notstände gerechtfertigt werden, wenn also Gesinnungsethiker den Ausnahmezustand erklären. Viele in normalen Zeiten erlaubte Aktivitäten werden in Notzeiten moralisch suspekt. Darf man noch ruhigen Gewissens im eigenen Haus im eigenen Bett schlafen, wenn Flüchtlinge in Notquartieren nächtigen müssen? Aber wenn es moralisch skandalös ist, weiterhin x zu tun, wenn gleichzeitig Notzustände herrschen, dann fragt sich, was alles unter x gefasst werden könnte. Es gibt dann kaum noch unschuldige Praktiken inmitten von so viel Not und Elend. Verantwortungsethiker dürfen fragen, zu welchen Maßnahmen die Gesinnungsethik sich als Notstandsethik bereitfände.

Sollte die Gesinnungsethik hinsichtlich der Aufnahmepolitik erfolgreich sein, so wird sie vermutlich mit moralischer Emphase auf die ökonomischen und sozialen Ungleichheiten hinweisen, die durch diese Zuwanderung entstanden und nun im Namen der Gerechtigkeit durch Umverteilung von Alt- zu Neubürgern zu korrigieren seien. Großzügigkeit der Zuwanderungspolitik dürfte mit Kritik an wachsender Ungleichheit quittiert werden. Für Verantwortungsethiker ist es unabänderlich, dass durch massenhafte Zuwanderung mittelloser Menschen die Ungleichheit steigt. Für *open borders* würde dies erst recht gelten. Wer viele Arme in ein reiches Land aufnimmt, der erhöht die Ungleichheit in diesem Land. Gerade großzügige Zuwanderung ist ein Musterbeispiel dafür, dass es moralisch gutzuheißende Faktoren wachsender Ungleichheiten geben kann. In den unvermeidlichen statistischen Effekten der Einlösung eigener Forderungen sofort wieder Ungerechtigkeiten sehen zu wollen, könnte man entweder als töricht oder als gerissen bezeichnen.[67]

4.7 Fremdenfeindlichkeit nicht aufkommen lassen

Für Verantwortungsethiker neigen Menschen, als Naturwesen betrachtet, von ihrer Anlage her (leider) zur Xenophobie. Dafür bietet die Ethnologie reichhaltiges Anschauungsmaterial. Ethnologisch betrachtet, gehören die Fremden zur latent bedrohlichen und unheimlichen fremden Exosphäre.[68] Diese Disposition zur Xenophobie darf man freilich nicht als unumstößliche Tatsache nehmen.[69] Ein glaubhafter moralischer Standpunkt schließt die Xenophobie und erst recht den doktrinären Rassismus[70] aus. Das Bildungssystem hat die Auf-

67 Auch durch die staatliche Vereinigung Deutschlands hat die Ungleichheit in Deutschland zugenommen, da 16 Millionen vergleichsweise vermögensarme Mitbürgerinnen zu den wohlhabenderen Bundesbürgerinnen Westdeutschlands hinzukamen. Ungerecht war das nicht.

68 Vgl. Klaus E. Müller, *Das magische Universum der Identität. Elementarformen sozialen Verhaltens. Ein ethnologischer Grundriß*, Frankfurt a. M. 1987. Die Beanspruchung eines bestimmten Territoriums stelle eine »*Universalie des menschlichen Sozialverhaltens*« dar (S. 46, Hervorhebung im Original).

69 Noch im 18. Jahrhundert verteidigten aber Autoren wie Justus Möser die Auffassung, Fremdlinge seien als Feinde zu betrachten (vgl. J. M.: *Patriotische Phantasien*, Berlin 1775 ff., Bd. 4). Die Ähnlichkeit von Mösers Formulierungen seiner xenophoben Ressentiments gegenüber gegenwärtigen Formen ist verblüffend.

70 Xenophobie ist nicht gleich Rassismus. Xenophobie ist intuitiv,

gabe, xenophoben Tendenzen entgegenzuwirken. Verantwortungsethiker müssen jedoch die faktische Neigung zur Xenophobie sozialpsychologisch und politisch in Rechnung stellen, obgleich sie moralisch nicht zu billigen ist. Xenophobie ähnelt einem unterirdischen Schwelbrand, wie man ihn von Kohleflözen und Torffeuern kennt, der kaum jemals endgültig zu löschen ist und oberirdisch immer wieder aufflammen kann. Verantwortungsethiker möchten ohne echte Not diesem Schwelbrand keine Nahrung geben. Verantwortungsethiker sehen mit Sorge das Erstarken rechtspopulistischer Parteien in vielen Ländern der EU. Diese Kräfte gewinnen an Bedeutung in Frankreich, Ungarn, Italien, Finnland, England, Österreich und den Niederlanden. Wählerpotential für eine ähnlich ausgerichtete Partei ist auch in Deutschland vorhanden. Zu diesem Wählerpotential zählen neben bürgerlich-nationalkonservativen Kreisen vermutlich vor allem Mitglieder bildungsferner Schichten, die *working poor*, die Transferempfänger und die von Abstiegsängsten befallenen kleinbürgerlichen Schichten, die in ihrem Lebensumfeld direkter als der akademische Mittelstand mit Flüchtlingen und Migrantinnen konfrontiert werden, d. h. mit ihnen um Wohnraum, Transfers, Zugänge zu Behörden, Arbeitsstellen im Niedriglohnsektor, Arzttermine usw. konkurrieren oder eine solche Konkurrenz befürchten zu müssen meinen. Wenn wir Flüchtlinge und Migranten dort unterbringen müssen, wo Leerstand herrscht, dann bringen wir die Zuwanderer in die Nähe zu Mitbürgerinnen, die häufig genug selbst in prekären Verhältnissen leben. Wenn die Zuwanderer zum Zwecke der raschen Eingliederung intensiver Förderung teilhaftig werden, so weckt dies Ressentiments bei denen, die sich ohnehin und nun zusätzlich benachteiligt fühlen.

Rassismus ist doktrinär im Sinne von Rassenlehren, die von sich behaupten, Wissenschaft vom Menschen zu sein.

Die Willkommenskultur könnte ihnen als ein medial inszeniertes Elitenprojekt erscheinen, das mit ihrer Lebenswirklichkeit wenig zu tun hat. Dies kann Reaktionen bis hin zu Empörung, Zorn, Wut und Hass auslösen. Verantwortungsethiker, für die der innere Friede ein hohes Rechtsgut ist, wollen den Kampf dieser unterschiedlichen Standpunkte innerhalb der in der Frage der Zuwanderung gespaltenen Bürgerschaft mäßigen und der Kraft der Entzweiung entgegenwirken, die in diesem Thema für »unser« Zusammenleben liegt.

4.8 Völkerwanderung?

Die Staaten der EU sind in geopolitischer Perspektive betrachtet ein in vielen Hinsichten reicher Siedlungsraum, der entsprechende Begehrlichkeiten weckt in einer dichtbevölkerten und ökologisch übernutzten Welt. Die Massenhaftigkeit der Wanderungsbewegungen erinnert an die Denkfigur des Umschlags von Quantität in Qualität. Nie waren weltweit so viele Menschen als Flüchtlinge und Migrantinnen unterwegs wie gegenwärtig. Dieses Wanderungspotential wird durch Klimaveränderungen weiter anwachsen. Es könnte daher sein, dass eine (postmoderne) Art von Völkerwanderung beginnt, die sich in den vergangenen Jahrzehnten im Windschatten der weltpolitischen Aufmerksamkeit allmählich vorbereitet hat und nun Realität wird.

Der Ausdruck »Völkerwanderung«, den man nur aus dem Geschichtsunterricht kannte, kam erstmals im Sommer 2015 auf und verbreitet sich als (unheimliche) Deutungsfolie. Wir würden unter dieser Deutungsfolie aber mit den konzeptionellen Schemata der Nachkriegszeit über ein Phänomen sprechen, das einen gänzlich anderen Zuschnitt hat. Politisches Asyl war zugeschnitten auf Personen, die aus Diktaturen fliehen mussten. Die Genfer Konvention ist das Erbe zweier Weltkriege. Für die Regulierung von Völkerwanderungen sind beide Institutionen, so segensreich sie im Vergleich zu früheren Zuständen gewirkt haben, aber ungeeignet.

Auch in den Diskursen des ethischen Universalismus, in denen vor allem von Teilhaberechten und Prinzipien globaler Gerechtigkeit die Rede ist, ist Völkerwanderung nicht vorgesehen. Die meisten Intellektuellen sind auf dieses Problem nicht eingestellt. Žižeks Ansinnen, die Menschheit solle sich bereitfinden, nomadischer zu leben, stellt uns vielleicht ja auf die neue Lage ein. Die Protagonisten der *no border politics* wenden sich jedenfalls direkt gegen den *sedentarism*, d. h. gegen Sesshaftigkeit als Wert. Diese Auffassung gehe historisch fehl und sei politisch als nationalistisches Konstrukt abzulehnen. Migration sei der Normalfall, nicht Sesshaftigkeit. Die Sesshaften sind das politische Problem, nicht die Wandernden. Während der Migration selbst und im Kampf um die Abschaffung von Grenzen entstünden gegenwärtig neue postdemokratische und nomadische Subjektivitäten und Kulturen, die an die neue Situation besser angepasst seien.

Bei einer Umstellung auf postmoderne nomadisch-migrantische Kulturen und Moralen jenseits des politischen Liberalismus wäre allerdings keineswegs sicher, ob diese Moralen universalistische oder nicht vielmehr parochiale (d. h. auf partikulare Zugehörigkeiten eingeschränkte), existentialistische, situationistische oder kriegerische (bellizistische) Moralen wären. Die akademische Ethik, wie sie derzeit betrieben wird, wird auf Moralbildungsprozesse im Kontext einer Völkerwanderung auf jeden Fall kaum Einfluss haben. Verantwortungsethiker werden jedenfalls die Rede von einer beginnenden Völkerwanderung weder für bare Münze nehmen noch sie leichtfertig als Panikmache abtun.

In der jetzigen Situation halten sie es für geboten, sich anbahnenden Wanderungsbewegungen, die das Ausmaß von Völkerwanderungen annehmen könnten, so früh und so energisch wie möglich entgegenzuwirken.

4.9 Umweltbewegung und »Degrowth«

Verantwortungsethiker, die der Ökologiebewegung nahestehen, müssen grundsätzlich fragen dürfen, ob mögliche Übergänge in eine ökologisch nachhaltige Zukunft[71] durch Wanderungsbewegungen erschwert werden. Es ist eine ökonomische Lehrbuchweisheit, dass Zuwanderer Personengruppen mit hohem Nachholbedarf an Konsumgütern sind. Die Wachstumseffekte moderater Zuwanderung dürften positiv sein. Aus diesem Grund treten Neoliberale für eine kontrollierte Zuwanderung ein.

Die Umweltbewegung sieht Wachstum jedoch kritisch.[72] Zuwanderung impliziert höheren Ressourcenverbrauch in den Aufnahmeländern. Die Flüchtlinge und Migranten gelangen allmählich auf unser Niveau des Energieverbrauchs und dann, wenn die Integration gelingt, mit hoher Wahrscheinlichkeit auch auf unser Konsumniveau.[73] Wer ein besseres Leben will,

71 Im Sinne einer Theorie »starker« Nachhaltigkeit vgl. Konrad Ott / Ralf Döring, *Theorie und Praxis starker Nachhaltigkeit*, Marburg 2008.

72 Vgl. Konrad Ott, »Vier Pfade ins Postwachstumszeitalter«, in: *Vorgänge* 195 (2011), S. 54–69.

73 Der US-amerikanische Umweltethiker Philip Cafaro hat 2015 auf Zielkonflikte zwischen Umwelt- und Naturschutzpolitik und Immigration im Kontext der USA hingewiesen. Sie betreffen die Versorgung u a. mit Nahrung, Wasser, Energie oder Siedlungsfläche. Entsprechend wird nicht ohne Schadenfreude vermerkt, mit der »Öko-Moral« als Wohlstandsphänomen sei es ja nun erst einmal

wird sich nicht um des Klimas, des Landschaftsbildes, des Arten- oder des Tierschutzes willen gleich wieder bescheiden wollen. Sind Zuwanderer nun aber auf die hiesige, über Jahrzehnte mühsam erreichte Umweltmoral verpflichtet? Oder gilt die Verpflichtung, Konsumstile in Richtung auf Suffizienz (Genügsamkeit im Konsumverhalten) zu verändern, nur für die Alteingesessenen?[74] Wäre eine doppelte »Öko-Moral« die Folge, also Suffizienzgebote für Alteingesessene, nachholender Konsum für Migrantinnen?

Und wie stehen die Postwachstumstheorien (*Degrowth*) zur Zuwanderung? Auf den ersten Blick macht es wenig Sinn, Zuwanderung aus dem globalen Süden in diejenigen Wirtschaften zu fördern, deren Leistung gedrosselt werden soll, die bei Zuwanderung aber viele neue Arbeitskräfte zu integrieren haben. Es ist keine sonderlich reizvolle Aufgabe, anstehende Integrationsleistungen bei schrumpfender Wirtschaft durchzuführen – um das Mindeste zu sagen.[75]

vorbei (vgl. z. B. Jan Grossarth, »Ökomoral und Flüchtlinge«, in: *FAZ* vom 10. Oktober 2015, S. 19).

74 Ich entsinne mich einer Debatte, bei der es um die Frage ging, ob »wir« den Flüchtlingen »unsere« Standards beim Trennen von Abfällen und beim Einsparen von CO_2 überhaupt vermitteln dürften. Eine Kulturwissenschaftlerin sprach sich vehement dagegen aus, da dies kulturpaternalistisch und oberlehrerhaft sei.

75 In einer *Degrowth*-Gesellschaft werden die internen Verteilungskämpfe auch ohne Zuwanderung härter, da es keine Zuwächse mehr gibt, die pareto-superior verteilt werden können. Bei einer Drosselung der Wirtschaft werden Diskontraten (Abzinsungen zukünftigen Nutzens und Schadens) negativ, bereits bestehende Vermögen werden also in Zukunft relativ mehr wert sein. Genau dies ist nicht das Ziel der *Degrowth*-Bewegung – im Gegenteil! Daher fordern *Degrowth*-Anhänger massive Umverteilungen bei schrumpfender Wirtschaft. Diese Forderungen würden sich bei Massenzuwanderung in eine Postwachstumsgesellschaft weiter verschärfen. Insofern

Degrowth-Anhänger eröffnen jedoch andere Perspektiven. Dennis Eversberg[76] berichtet von seinem zweitägigen Aufenthalt im *Junglecamp* bei Calais, von dem aus mehrere Tausend Menschen versuchen, nach England zu gelangen. In diesem Camp sieht Eversberg wesentliche Merkmale einer *Degrowth*-Gesellschaft, wenngleich unter erzwungenen Bedingungen realisiert. Im Camp herrsche Friedlichkeit und Anarchie, Eigentumsrechte spielten keine große Rolle, die knappen Ressourcen würden untereinander nach dem Bedürfnisprinzip verteilt und der sog. ökologische Fußabdruck der Bewohner einschließlich der CO_2-Emissionen sei extrem klein. Das *Junglecamp* erscheint als eine Art unfreiwillige *Degrowth*-Mustersiedlung, von deren Bewohnern die bürgerlichen Europäer lernen sollten, wie zu leben sei, und die Aussichten biete auf eine wahrhafte Demokratie, in der keine keinem mehr etwas vorschreibe, sondern alles informell so geregelt werde, dass jede ihre Bedürfnisse befriedigen könne. Solche Ansichten quittieren Verantwortungsethiker nur noch mit Kopfschütteln.

4.10 Integration

Es kann gute Gründe dafür geben, eine aufnahmebereite Migrationspolitik neben der obligatorischen Flüchtlingspolitik zu betreiben. Gründe können eudaimonisischer (d. h. die gelungene Lebensführung betreffend), prudentieller (klug und besonnen bzw. wohlüberlegt in Bezug auf die Zukunft) oder wiederum moralischer Natur sein. Eudaimonistische Gründe

tendiert *Degrowth* letzten Endes zu einer Koalition mit den radikaleren politischen Strömungen in der Migrationspolitik.

76 Dennis Eversberg, »Only degrowth can be a credible answer to Europe's current refugee crisis«, *Blog Degrowth*, Zugriff am 22. 10. 2015.

beziehen sich auf mögliche Bereicherungen unseres kulturellen Lebens; prudentielle Gründe auf die Beförderung unserer kollektiven Wohlfahrt; moralische Gründe auf Hilfspflichten gegenüber Migrantinnen.

Unsere Kultur ist inzwischen derartig multikulturell geworden, dass weitere Migration vermutlich nur noch eine marginale zusätzliche Bereicherung bewirken würde. Der eudaimonistische Grenznutzen zusätzlicher Migration tendiert allmählich gegen Null. In Bezug auf prudentielle Wohlfahrtsgründe kann Zuwanderung in der Tat unter bestimmten Bedingungen volkswirtschaftliche Vorteile mit sich bringen. Anderseits sollten Landsleute und Menschen mit Migrationshintergrund, die im Niedriglohnsektor arbeiten, gerade angesichts der Kritik an diesem Sektor nicht einer ruinösen Konkurrenz durch Migranten ausgesetzt werden. Wenn wir aber bspw. am Mindestlohn festhalten wollen, dann werden viele Migrantinnen kurz- und mittelfristig nur schwer in den Arbeitsmarkt zu integrieren sein.[77] Es geht um langfristige Qualifizierungen für einen technologisch avancierten Arbeitsmarkt, auf dem wissenschaftliche und kommunikative Fähigkeiten gefragt sind, über die viele Zuwanderer gar nicht verfügen (können). Der Integration muss langjährige Qualifikation vorangehen. Viele Personen werden an den Qualifikationshürden scheitern und könnten sich Erfolg und Anerkennung in migrantisch geprägten Subkulturen verschaffen. Dies zu verhindern, dürfte schwerfallen.

Eine alternde Gesellschaft mit niedrigen Geburtenraten und fragilen Umlageverfahren zur Rentenzahlung mag zwar grundsätzlich gesehen gut beraten sein, sich für langfristige Zuwan-

77 Aus kulturellen wie auch aus moralischen Gründen finde ich nur wenig Gefallen an einer Wiederkehr einer Dienstboten- und Haushälterinnenkultur wie in den USA. Cafaro beschreibt die Entwicklung dort hin zu einer *master / servant economy* und zu einem durch Immigration bewirktem *comeback of the servants* (Cafaro 2015, S. 73–75).

derungspolitik zu entscheiden. Die Auswirkungen der Zuwanderung auf das Rentensystem müssen jedoch sehr viel genauer vorausbedacht und ökonomisch modelliert werden, da etwa unklar ist, wie viele Beitragsjahre die Zuwanderer in das Rentensystem durchschnittlich einzahlen werden. Intuitive Vorstellungen, entsprechend denen die jungen Zuwanderer die Renten für die alten Deutschen zahlen werden, könnten sich als Milchmädchenrechnungen erweisen. Die massive Zuwanderung in extrem kurzer Zeit schafft alles in allem vermutlich mehr ökonomische Probleme als sie löst. Prudentielle und eudaimonistische Gründe sind somit eher wenig überzeugend.

Ein zusätzlicher moralischer Grund könnte sich (mit Kant) auf eines der Ziele beziehen, die zugleich Pflicht sind, nämlich die Beförderung »fremder Glückseligkeit«. Diese Pflicht ist allerdings unvollkommen, d. h. sie lässt große Spielräume frei, wie man sie befolgt. Die Moralstrategie, durch großzügige Migrationspolitik die fremde Glückseligkeit zu fördern, führt allerdings zur einer sog. *repugnant conclusion*, nämlich zu Kalkutta-Ergebnissen. Solange es für ein Individuum besser erscheint, nach Kalkutta zu migrieren statt in seinem ursprünglichen Dorf zu bleiben, gehen immer mehr Menschen nach Kalkutta, auch dann, wenn am Ende das indische Dorfleben als Sehnsuchtsort und Kalkutta als Moloch erscheint. Falls wir die Pflicht, fremde Glückseligkeit durch Einwanderung zu befördern, unbegrenzt ausweiten, kommt es zu ähnlichen Resultaten. Selbst bei einer Verdoppelung der Wohnbevölkerung in Deutschland auf 160 Millionen Einwohner würde es noch viele Menschen in vielen Ländern geben, deren Glück wir befördern könnten, wenn wir sie zuwandern ließen. Sogar ein Moralist wie Kant erklärt es für rechtens, Neigungen den Vorrang gegenüber unvollkommenen Hilfspflichten zu geben.

Bei Prüfung aller Gründe gelangt man also bestenfalls zur Begründung eines Einwanderungsgesetzes, der sich Verantwortungsethiker nicht verschließen werden und an dem sie mitarbeiten wollen. Die Willkommenskultur auf Migranten auszuweiten, ist jedoch für Verantwortungsethiker letztlich nicht geboten. Eine Tolerierung ungeregelter Migration erscheint eher prohibitiv. Verantwortungsethiker könnten ihre politische Position nunmehr auf folgende Formel bringen:

Es geht darum, wirksame Abreize gegen Migration in den Grenzen der Menschenwürde zu setzen und Fluchtgründe im Rahmen des Völkerrechts zu reduzieren.

Die Menschenwürde umfasst die elementaren Menschenrechte, die es zu wahren gilt: Ein Asylgesuch, wie immer aussichtslos es sein mag, ist keine Straftat. Das Recht auf Freiheit der Person vor Inhaftierung darf aber nur aufgrund von Straftaten verweigert werden. Daher ist eine Unterbringung während des Asylverfahrens, die einer Inhaftierung nahekommt, inakzeptabel.

Unter dieser Prämisse »in den Grenzen der Menschenwürde« darf aber über Abreize gegenüber Migration diskutiert werden. Viele dieser An- und Abreize sind ökonomischer Natur.[78]

78 Fragen nach der Reduktion von Fluchtgründen werden im Folgenden nicht diskutiert, da sie auf das weite Feld der Außenpolitik führen. Auch die Thematik der Klimaflüchtlinge wird aufgrund ihres Schwierigkeitsgrads ausgeblendet. Nicht behandelt wird auch die Frage, wie mit Flüchtlingen zu verfahren sei, die bereits in einem anderen Land Schutz vor Krieg und Verfolgung gefunden haben, sich dort allerdings in unbefriedigenden Lebensumständen befinden.

4.11 Abreize und Investitionsverlust

Verantwortungsethiker interessieren sich für die politische Ökonomie der Migration. Politische Ökonomie der Migration ist zentral sowohl für die Erklärung der Ursachen von Migration als auch für Strategien im Umgang mit ihr. Entsprechend der Formel des vorigen Abschnitts, »Abreize gegen Migration in den Grenzen der Menschenwürde zu setzen und Fluchtgründe zu reduzieren«, soll für Migrantinnen das Risiko steigen, nach einer glaubhaft angekündigten und vollzogenen Rückführung in ihr Herkunftsland materiell schlechter gestellt zu sein als zuvor.

Wie könnte so etwas aussehen? Ein fiktiver Fall könnte in ökonomischer Modellierung Hinweise geben. Es kann als gesicherte Erkenntnis gelten, dass die Mehrzahl westafrikanischer Migranten nicht zu den Ärmsten der Armen gehört. Es handelt sich mehrheitlich um junge, recht gut ausgebildete Menschen überwiegend männlichen Geschlechts aus Mittelstandsfamilien, die nicht direkt von Hunger bedroht sind und nicht politisch verfolgt werden. Ihr Familienverband ist in der Lage, Schleuserhonorare von oft bis zu 8000 € aufzubringen.

Eine entsprechende Migration lässt sich als Investitionsstrategie modellieren: Die Kosten der Investition sind der Betrag, der für die Dienstleistung der organisierten illegalen Einreise zu entrichten ist. Die faktischen Risiken dieser Investitionsentscheidung sind der Tod des Migranten oder seine Rückführung durch Abschiebung. Die Chancen der Investition sind eine erfolgreiche Immigration und mögliche *returns of investment* in Form von Geldüberweisungen. Gesetzt, ein Migrant fasst in Europa Fuß, findet Arbeit und überweist seine Sparquoten an seine Familie im Herkunftsland, so amortisiert sich die vorab getätigte Investition innerhalb weniger Jahren (etwa bei Rücküberweisung von nur 200 € pro Monat in ungefähr

30–40 Monaten). Von diesem Zeitpunkt an bewegt man sich in der Gewinnzone. Statistiken zufolge liegen Familieneinkommen in Westafrika deutlich höher, wenn ein Familienmitglied in Europa arbeitet. Die Geldtransfers aus Arbeitseinkommen von Migrantinnen sind beträchtlich und übersteigen in vielen Ländern die Höhe der Entwicklungshilfe. Das Bruttosozialprodukt vieler Staaten wird zu nicht unerheblichem Teil im Bruttoinlandsprodukt der Aufnahmeländer generiert.

Dies erklärt, warum so viele Herkunftsstaaten nur wenig Interesse an Rückführungen haben. Die Modellierung erklärt auch, warum eine geringfügig zunehmende Prosperität in den Ländern Westafrikas nicht dazu führen wird, dass die Anzahl der Migranten zurückgeht. Das Gegenteil ist wahrscheinlicher, denn immer mehr Familien werden die Investitionskosten aufbringen. Die These, man müsse nur die wirtschaftliche Lage in den Herkunftsländern verbessern, um Migration zu reduzieren, ist ökonomisch gesehen also wenig plausibel. Dies gilt auch für Forderungen, die Entwicklungszusammenarbeit auszuweiten. Die wünschenswerte Prosperität dieser Länder sollte aus verantwortungsethischer Sicht nicht zu Investitionen in Migration, sondern für Investitionen in das eigene Land genutzt werden.

Die Entscheidung zur Migration ist faktisch eine Entscheidung unter hohem Risiko. Wer die politische Ökonomie der Migration verstehen und das Geschäftsmodell austrocknen möchte, der muss mit Geduld und Zähigkeit unter dem Grundsatz agieren, dass möglichst viele Investitionen in Migration scheitern sollen.

Hierfür gibt es nur zwei Varianten. Deren erste kostet viele Menschenleben und scheidet daher auch für Verantwortungsethiker moralisch aus, nämlich die Einstellung der Seerettung im Mittelmeer. Die Investition soll natürlich nur auf eine Weise scheitern, die Leben und körperliche Unversehrtheit der

Migrantinnen sichert und sie nicht demütigt. Verantwortungsethische Aufgabe ist es also, das Risiko auf ein ökonomisches Risiko zu reduzieren: Ziel sollte also der Verlust der monetären Investition und die gleichzeitige Unversehrtheit der Migranten sein.

Man stelle sich folgende Entscheidungssituation vor: Das Oberhaupt eines orientalischen oder afrikanischen Familienverbandes trifft wie traditionell üblich sämtliche ökonomischen Investitionsentscheidungen. Sie verfügt über ein Geldvermögen von z. B. umgerechnet 15 000 €, das sich pro Jahr monoton um 500 € vermehrt. Sie hat mehrere Kinder, Nichten und Neffen. Die Matriarchin möchte Vermögen und Wohlergehen ihres Familienverbandes maximieren. Sie weiß um die Unsicherheit der Weltverhältnisse und möchte Risiken verteilen. Sie möchte nun in ihre beiden ältesten Kinder oder Neffen klug investieren. Entweder gibt sie 2 × 6000 € aus, um beide auf den Weg nach Europa zu bringen. Oder sie stellt 2 × 6000 € als Startkapital für deren Geschäfte im Inland zur Verfügung. Oder sie gibt 6000 € für Migration und 6000 € für die Eröffnung eines inländischen Geschäfts aus. Diese letzte Entscheidung ist eine rationale Portfolio-Entscheidung: Einsatz und Risiko wird aufgeteilt bzw. diversifiziert. Entsprechend den *returns of investment* dieser Erstentscheidung wird sie dann, wenn die verbliebenen 3000 € sich entsprechend vermehrt haben, die nächste Investitionsentscheidung treffen.

Derjenige, der Migration reduzieren möchte, muss darauf hinwirken, dass die Investition in Migration auf, wie betont, humane Weise scheitert, das investierte Geld verlorengeht, die Person jedoch (etwa durch Rückführungsabkommen) wohlbehalten in ihren Familienverband zurückkehrt. Dann nämlich erfolgt die nächste Investitionsentscheidung unter dem Eindruck dieses ökonomischen Fehlschlags. Die Matriarchin würde in der ökonomischen Modellierung weitere Fehlinvestitionen vermeiden und in Zukunft verstärkt im Inland investieren – und dies wäre für alle besser: Binneninvestitionen helfen den Ländern des Südens beim Aufbau nationaler Kapitalstöcke und verhindern den *brain drain*, also die Abwanderung gutausgebildeter, meist junger Menschen, nach Norden. Dieser *brain drain* ist dabei nicht nur wirtschaftlich und technologisch zu verstehen, sondern hat eine politische Dimension: In vielen Ländern fehlen reformerische Kräfte.

Wir sollten also diesem Szenario entsprechend möglichst alle Menschen retten und Migranten nach fairer Prüfung ihres Falles dann zügig abschieben, wenn ihr Fall abgewiesen wurde. Diese Strategie demütigt niemanden und ist menschenrechtskonform.

4.12 Schärfere Konturierung: Zehn heikle Punkte

Im Folgenden wird zusammenfassend auf Positionen zu zehn heiklen Details der Regulierungspraxis auch von Asylbewerberinnen eingegangen, um einige Konsequenzen der verantwortungsethischen Strategie schärfer zu konturieren und damit Kontroversen zwischen den beiden Moralen auszulösen. Wenn zwischen Gesinnungs- und Verantwortungsethik so etwas wie tragfähige Kompromisse möglich sein sollten, so beträfen sie diese zehn Punkte.

1. Die Regulierungspraxis darf die Cleveren nicht systematisch besser stellen als die Ehrlichen. Durch rechtswidriges Verfahren soll sich niemand Vorteile verschaffen können. Das Gegenteil ist unfair und entspricht nicht den Standards von Rechtsstaatlichkeit und politischer Kultur. Ein administrativ schwer zu lösendes Problem liegt darin, dass Asylbewerberinnen häufig keine Identitätsdokumente haben. Es scheint sich herumgesprochen zu haben, dass die Verschleierung der

Herkunft und konsequentes *non compliance* die Aussichten auf Duldung erhöhen, da die Behörden keine Strategie für die Rückführung von Menschen haben, deren Identität unklar ist.

Verantwortungsethiker vertreten jedoch eine Pflicht zur Mitwirkung bei der Prüfung des jeweiligen Falles. Wer das Recht auf Asyl in Anspruch nimmt, verpflichtet die Behörden zur Prüfung seines Falls. Damit verpflichtet er sich von vornherein zur Mitwirkung im Verfahren. Gegen diese Sichtweise lässt sich folgender Einwand erheben: Angeklagte dürfen in ihrem Prozess vor Gericht schweigen, die Unschuldsvermutung gilt und es besteht keine Pflicht, sich selbst zu belasten. Warum aber sollte nun die Situation des Asylbewerbers eine andere als die des Angeklagten vor Gericht sein? Verantwortungsethiker können dagegen anführen, dass es nicht um Schuld im rechtlichen Sinne geht. Man steht nicht vor Gericht, sondern ist Antragstellerin. Wird ein Antrag abschlägig beschieden, so wird niemand bestraft. Wer einen Antrag stellt, der materielle Vergünstigungen beschert, der muss üblicherweise nachweisen, dass er/sie auch antragsberechtigt ist. Dies gilt ebenso bei Transfers wie Pendlerpauschale, Kindergeld oder Arbeitslosengeld 2. In all diesen Fällen ist eine Mitwirkungspflicht obligatorisch. Auch Herkunftsländer haben bei Asylverfahren Mitwirkungspflicht bei der Lösung des *non-compliance*-Problems. Es wäre entsprechend zulässig, Fragen der Entwicklungszusammenarbeit und der Migration über Rückführungsabkommen politisch zu verbinden, d. h. zu konditionieren. Staaten sind völkerrechtlich zur Rücknahme von Staatsangehörigen verpflichtet. Ihre Neigung hierzu ist aus verständlichen Gründen gering. Rückführungsabkommen können hier größere Verbindlichkeit erzeugen.

2. Falls *non compliance* keine Vorteile verschaffen darf, so gilt dies erst recht dann, wenn Asyl auf Grundlage gefälschter

Dokumente beantragt wird. Natürlich wird jedes Gut produziert, sobald eine starke Nachfrage besteht, also auch syrische Pässe, und es lässt sich nicht ausschließen, dass eine Person, die einen gefälschten syrischen Pass vorweist, nicht in Wahrheit doch syrischer Staatsbürger ist. Gleichwohl dürfen gefälschte (nicht aber: fehlende) Dokumente als starke Indizien für die Unbegründetheit des Antrags gewertet werden.

3. Für Verantwortungsethiker steht außer Frage, dass reiche Länder in der Lage sind, die Kosten für Unterbringung, Versorgung oder Administration aufzubringen. Bei grober Schätzung sind dies ca. 10 Milliarden Euro bei 1 Million Flüchtlingen und Migranten. Allerdings gilt hier wie überall: *There is no such thing as a free lunch*, d. h. es fallen Kosten an, die jemand tragen muss. Geld ist also da, steht aber für andere Zwecke nicht mehr zur Verfügung. Verantwortungsethiker hielten es nicht für politisch skandalös, auch auf Budgets zurückzugreifen, die den Milieus zugutekommen, in denen die Gesinnungsethik mehrheitlich vertreten wird, wie etwa die Kirchen[79], Wissenschaft, Medien und Kultur. Wer für eine Willkommenskultur eintritt, sollte seinen substantiellen Solidaritätsbeitrag leisten wollen. Ein Problem haben Verantwortungsethiker, wenn Gesinnungsethiker fordern sollten, die Kosten der Willkommenskultur den Milieus und Schichten anzulasten, die die Gesinnungsethik mehrheitlich nicht teilen und, wie gezeigt, auch nicht teilen müssen.

4. Gesichert sein muss das Wohlergehen der Asylbewerber in Hinsicht auf Ernährung, Hygiene, Unterbringung einschließlich Raumwärme, Gesundheitsversorgung und Schutz

79 Die beiden großen Kirchen könnten sich beispielsweise bereitfinden, einen kleinen Teil der Kirchensteuern, die vom Staat eingezogen werden, für staatliche Integrationsarbeit zur Verfügung zu stellen – ein substantieller Beitrag ohne größeren verwaltungstechnischen Aufwand.

vor Übergriffen durch Dritte. Es gibt aber keine moralische Verpflichtung, ein Asylverfahren in monetärer Hinsicht lukrativ zu machen. Für Verantwortungsethiker gehen von Zahlungen in begehrten Währungen wie dem Euro starke Anreizwirkungen aus, was sich an geringfügigen Transfers (Kindergeld) im Kontext der EU-Binnenwanderung gezeigt hat und sich in Zahlungen gemäß Asylbewerberleistungsgesetz fortsetzt. Die Flüchtlingskonvention lässt hier viele Regelungen zu, die menschenrechtskonform sind. Kulturell und religiös sensitive Sachleistungen sind kein Verstoß gegen die Menschenwürde. Die Arbeitslosengeld-2-Sätze sind kein Minimum menschenwürdigen Daseins, sondern ein soziokulturelles Minimum, auf das Mitbürgerinnen einen Anspruch haben.

5. Verantwortungsethiker müssen nicht vom Grundsatz abweichen, dass anerkannte Asylanten und auch Kriegsflüchtlinge ein Recht darauf haben, Ehepartner und leibliche Kinder nachholen zu dürfen. Ein moralisches Anrecht jedes Menschen, nicht von denen getrennt leben zu müssen, die ihm die Liebsten sein dürften, ist schwer zu bestreiten. Das Recht ist ein Recht darauf, nicht voneinander getrennt leben zu müssen. Dieses Recht auf Familiennachzug wird in den kommenden Jahren zu weiterer Zuwanderung führen. Der zugrundegelegte Familienbegriff darf und sollte eingeschränkt werden, weil andernfalls Schwestern und Brüder, Onkel und Tanten, Nichten und Neffen, Großeltern und Adoptivkinder zur Familie gerechnet werden. Freilich legen wir bei der Bestimmung dessen, wer zu Familien gehört, westliche Vorstellungen der Kleinfamilie und nicht die kulturelle Vorstellungen von Familienverbänden zugrunde, die in den Herkunftsländern gelten. Den Flüchtlingen das Recht zu gewähren, selbst zu bestimmen, wer alles zu ihrer Familie zählt, würde den Nachzug extrem ausweiten. Sicherlich kann es der Fall sein, dass jemand die Trennung von Freunden als schmerzlicher empfindet als die vom

Ehepartner. Ein Recht, nicht von seinen besten Freundinnen getrennt zu leben, müssen wir dennoch nicht anerkennen.

Der Familiennachzug ist zudem an das Verständnis des Asylrechts als temporäres Gastrecht zu binden. Das Recht, nicht von Mann oder Frau und Kindern getrennt leben zu müsse, setzt die Konditionierung des Asylstatus nicht außer Kraft. Entfallen also die Fluchtgründe, so kann durchaus der Fall eintreten, dass die gesamte Familie in ihr Herkunftsland zurückgeführt wird. Dieses Risiko des Familiennachzuges muss allen deutlich gemacht werden.

Einen besonders heiklen Falltypus stellen die unbegleiteten Minderjährigen dar. Wenn sie Asyl erhalten, dann dürfen sie ihre Eltern nachholen. Die Eltern haben dann einen Anspruch, ihre anderen minderjährigen Kinder nachholen zu dürfen. Vermutlich aufgrund der Aussichten auf Familienzusammenführung ist die Zahl unbegleiteter 17-jähriger so hoch. Eine Lösung könnte darin liegen, Minderjährigen bis zur Volljährigkeit nur einen subsidiären Schutz zu gewähren und das Asylrecht als ein wesentlich politisches Recht an die Volljährigkeit zu binden. Ein alleinstehender junger volljähriger Mann kann dann allerdings niemanden nachholen.

6. In Deutschland gilt das *ius solis*, d. h. die automatische Einbürgerung bei der Geburt nicht. Dessen Einführung halten Verantwortungsethiker deshalb für falsch, weil es Migranten und Flüchtlingen ermöglicht, unter Berufung auf den besonderen Schutz der Familie gemäß Art. 6 GG einen Daueraufenthalt durch im Gastland geborene Kinder zu erlangen. Falls nämlich Kinder gemäß dem *ius solis* durch Geburt deutsche Staatsbürgerinnen werden, deutsche Staatsbürgerinnen nicht ins Ausland abgeschoben werden dürfen und Eltern das Recht und die Pflicht zur Erziehung ihrer Kinder haben, so haben Eltern ein Recht darauf, mindestens bis zur Volljährigkeit ihres jüngsten Kindes in Deutschland zu bleiben. In der

jüngeren Vergangenheit haben viele Staaten das *ius solis* abgeschafft.[80] Es nicht einzuführen, verstößt nicht gegen die Menschenwürde.

7. Listen sicherer Herkunftsländer sind zulässig; einzelne Eintragungen mögen kontrovers sein. Die Aufnahme in die Liste sicherer Herkunftsstaaten ist eine Form zwischenstaatlicher politischer Anerkennung. Regierungen fragiler Staaten sollten ein Interesse daran haben, dass ihr Staat in diese Listen aufgenommen wird. Glaubwürdige Warnbotschaften an die Bewohnerinnen der entsprechenden Länder sind ein Mittel, potentielle Migrantinnen aus sicheren Herkunftsländern abzuhalten. Wenn Länder der EU von den Listen sicherer Herkunftsländer gestrichen werden müssten, dann stünde ihr Verbleib in der EU infrage, da die EU keine Mitglieder dulden darf, in denen zu befürchten steht, dass in ihnen Menschen politisch verfolgt werden. Dies gilt auch für Beitrittskandidaten. Eintragungen in diese Listen vorzunehmen, ist Sache der jeweiligen Regierung. Die Opposition kann fordern, Hinzufügungen oder Streichungen vorzunehmen.

8. Ein heikles Problem erwächst aus dem Umstand, dass Fluchtgründe fortfallen können. Verantwortungsethiker bieten folgende Lesart von Art. 16a GG an: Das Recht auf Asyl für politisch Verfolgte ist ein temporäres Schutzrecht. Die Gewährung von Asyl ist nicht unabhängig von den Ereignissen im Herkunftsland, die sich auch zum Besseren verändern können. Das Grundgesetz unterstellt in verantwortungsethischer Perspektive, dass politisch Verfolgte sich als Staatsbürgerinnen ihres Herkunftslandes wünschen, dass ihre Fluchtgründe fortfal-

80 Groß-Britannien 1983, Australien 1986, Indien 1987, Irland 2004 und Neuseeland 2006, u. a. wegen eines Gebärtourismus, was besonders beim irischen Referendum eine Rolle spielte (vgl. Cafaro 2015, S. 193).

len, und nicht, dass die Gründe weiterhin bestehen. Auf wie viele Asylanten dies faktisch (nicht) zutreffen mag, ist dabei unerheblich. Politisch Verfolgte sind so zu verstehen, als ob sie sich nach Rückkehr in ihr Herkunftsland sehnten. Das bedeutet nicht, dass wir Aufenthalte beenden müssen, falls der Fluchtgrund fortfällt, sondern nur, dass wir dies tun dürfen. Prinzipiell gesehen ist es zulässig, jemandem den Status eines Asylanten abzuerkennen. Auf diese, in der Tat schwierigen Fälle trifft die Rede von der sorgsamen Prüfung des Einzelfalles zu. Vor einer möglichen Rückführung ist eine Prüfung unter dem Vorzeichen des *Refoulement*-Verbotes unabdingbar. Hier zeigt sich allerdings ungeschminkt die Problematik von Entscheidern und Betroffenen: Staatliche Entscheider befinden über die Zumutbarkeit einer Rückkehr aus der Ferne unter Bedingungen von Risiko und Ungewissheit, während die Rückkehrer von dieser Entscheidung unmittelbar selbst betroffen sind. Angesichts dieser Asymmetrie gilt verantwortungsethisch das Prinzip der Vorsicht.

9. Ein Problem anderer Art betrifft die Frage, ob Demonstrationen von politischen Gruppierungen, die gegen Zuwanderung eingestellt sind, in der Nähe von Flüchtlingswohnheimen zulässig sind, sofern die Gruppierungen sich »friedlich und unbewaffnet« versammeln (Art. 8 Absatz 1 GG), oder ob es Bannzonen um Flüchtlingsheime geben sollte. Es geht hier um verfassungskonforme Einschränkungen von Grundrechten für die, die gegen die Willkommenskultur protestieren wollen. Demonstrationen sollten an den Orten zulässig sein, gegen die sich der Protest richte (Pershing-Standorte, Atomkraftwerke, Banken und Börsen usw.). Der Protest sollte nicht in abgelegene Gebiete abgedrängt werden, sondern vor die Orte getragen werden dürfen, um die es den Protestierenden geht. Generell gilt, dass jede Einschränkung solcher Bürgerrechte begründungspflichtig ist.

10. Zentrale Staatsaufgaben wie die Sicherung der Außengrenzen dürfen nicht an andere Staaten übertragen werden. Die Innengrenzen anderer Staaten können schon aufgrund des Rechts auf freien Zug keine funktionalen Äquivalente zu gesicherten Außengrenzen sein. Die Türkei und der Libanon haben kein Recht, Syrerinnen am Verlassen ihrer Länder zu hindern. Die Staaten und Staatenbünde sind somit in dieser Aufgabe der Grenzsicherung unvertretbar.

4.13 Argumente formulieren

In der argumentativen Ausformulierung ihrer Grundsätze hat die Gesinnungsethik der Verantwortungsethik einiges voraus. Den Büchern von Benhabib und Carens haben Verantwortungsethikerinnen nichts Gleichwertiges entgegenzustellen. Verantwortungsethiker sehen sich in der Pflicht, ihre bisher nur rudimentär entwickelten grundsätzlichen Argumente genauer auszuformulieren, etwa das *argumentum ad numerum*,[81] das Überforderungs-Argument[82], das *slippery-slope*-Argument und das Verständnis von Staatsterritorien als rechtmäßiges kollektives Eigentum der jeweiligen Bürgerschaft. Verantwortungsethiker werden vor allem auf den Unterschied von Menschen- und Bürgerrechten bestehen. Es ist im Rahmen eines normativen Individualismus prinzipiell möglich, Gründe zu formulieren, durch die eine Ungleichstellung oder

81 Ein Beispiel für ein solches Argument: Mit 80 Studenten kann man kein Seminar mehr sinnvoll durchführen.

82 Wenn gilt *ultra posse nemo obligatur* (»Über das Können hinaus wird niemand verpflichtet«), so fragt sich, was *ultra posse* genau bedeutet. Dürfen in die Bestimmung der Grenzen des Könnens auch wesentliche Aspekte des eigenen Glücks aufgenommen werden, die man nicht aufzugeben gewillt ist?

Ungleichbehandlung von Individuen zulässig ist. Die Begründungslasten müssen dabei fair verteilt sein. Wie man solche Gründe mit Grundsätzen des normativen Individualismus in ein Überlegungsgleichgewicht bringen kann, bedarf sorgfältiger ethischer Analyse, die im Rahmen politischer Essayistik nicht zu leisten ist.

5. Zwischenbilanz und Ausblick: ein »clash of morals«?

Gesinnungs- und Verantwortungsethik sollten einander zunächst als konträre Moralen verstehen. Sie können und sollen ihre jeweiligen Prinzipien analysieren, reflektieren und hinterfragen, also das tun, was in der philosophischen Ethik üblich ist. Es ist jedoch nur schwer vorstellbar, dass ihre Vertreterinnen sich einigen können, denn die innere Dynamik ihrer Argumentation treibt sie eher voneinander fort. Zu unterschiedlich sind die jeweiligen Grundsätze, Interpretationen, Wahrnehmungen, Konsequenzen wie die im Hintergrund wirksamen politischen Rahmen bzw. *framings*. Beide Moralen kämpfen um die moralische und politische Vorherrschaft angesichts einer Herausforderung, die so komplex ist wie außer ihr wohl nur noch der globale Klimawandel. Man kann also von einem *clash of morals* sprechen. Man könnte zu dem Ergebnis kommen, Weber behielte recht in der Auffassung, der grundsätzliche Streit zwischen unterschiedlichen Moralen sei »unaustragbar«.

Wer dies einsieht, muss aufhören zu glauben, eine Seite habe die allein richtige Moral für sich gepachtet. Beide Moralen müssen das Problem verstehen, dass sich jede Moral notwendig als gute und richtige Moral sehen muss, weil sie die Leitunterscheidung moralischer Kommunikation (»gut versus böse«) nur einseitig auf sich selbst anwenden kann.[83]

Theoretisch gesehen könnte die Lage nahezu ausweglos (philosophisch gesprochen: »aporetisch«) sein. Praktisch muss man sich zu einer politischen Positionierung durchringen. Die mögliche Aporie lässt sich folgendermaßen beschreiben:

83 Vgl. hierzu aufschlussreich Niklas Luhmann, *Paradigm lost. Über die ethische Reflexion der Moral*, Frankfurt a. M. 1990.

Die Gesinnungsethik lässt sich aus verantwortungsethischer Sicht politisch nicht durchhalten, wohingegen sich die Verantwortungsethik aus gesinnungsethischer Perspektive moralisch nicht durchhalten lässt.

Die Strategie, den Begriff »Flüchtling« möglichst eng zu definieren und vom Begriff »Migrant« zu unterscheiden und gegen Migration Abreize innerhalb der Grenzen der Menschenwürde zu setzen, wirkt für Gesinnungsethiker unfreundlich, ja hart, gemein und schäbig. Diese Strategie achtet aus ihrer Perspektive die Nöte und Interessen der Flüchtlinge und Migranten zu gering und beruht auf Anmaßungen und den speziellen Interessen des »Wir« einer partikularen Bürgerschaft, die die Verantwortungsethik beständig im Munde führt.

Die Gesinnungsethik wiederum tendiert aus verantwortungsethischer Sicht zur unreflektierten Hypermoral,[84] die falsche Anreize und Signale setzt. Sie endet, wie gezeigt wurde, nahezu zwangsläufig bei *open borders*, einer klassenkämpferischen Positionierung oder einer Verbindung aus beidem im Sinne einer *no borders politics*, der sich vermutlich Teile der *Degrowth*-Bewegung anschließen werden. Eine solche Hypermoral ist für Verantwortungsethiker auf dem Sprunge, ins Böse umzuschlagen.[85]

Diese echte oder scheinbare Aporie gründet in dem ethisch ungeklärten Verhältnis zwischen unvollkommenen Hilfspflichten und der Gewährung von Individualrechten. Die Überführung von Hilfspflichten in Rechte wird in der Ethik generell als sozialpolitischer Fortschritt verstanden. So verwandelt der

84 Dieser Ausdruck stammt von Arnold Gehlen; vgl. A. G., *Moral und Hypermoral. Eine pluralistische Ethik*, Wiesbaden 1986.

85 Vgl. G. F. W. Hegel, *Grundlinien der Philosophie des Rechts*, Stuttgart, 1970, S. 260 (§ 139): »Das Gewissen ist als formelle Subjektivität schlechthin dies, auf dem Sprunge zu sein, ins Böse umzuschlagen.«

Wohlfahrtsstaat Almosenempfänger in Leistungsberechtigte. Die Kehrseite dieser Überführung zeigt sich in der jetzigen Situation, da menschenrechtliche Teilhaberechte gewährt werden, die unbegrenzt formuliert sein müssen und massenhaft in Anspruch genommen werden können. Eine Reflexion über dieses ethische Verhältnis muss nicht von vornherein rückschrittlich sein, sondern könnte vorausschauend kommende Herausforderungen thematisieren. Auch Christen sollten ihre Haltung zu diesem ethischen Verhältnis überdenken: Hilfspflichten können sich sowohl mit universalistischen Impulsen als auch mit Endlichkeitserfahrungen verbinden. Gesetzt, dass alle Flüchtlinge Schutz finden sollen, so folgt daraus nicht, dass es genau einen Staat geben muss, der allen Flüchtlingen Schutz bietet. Es bleibt unklar, ob der ethische Universalismus zu moralischen Alleingängen verpflichtet.

Bundespräsident Gauck meinte in seiner Rede zum Weltflüchtlingstag: »Denken wir nicht zu klein von uns.«[86] Das ist richtig. Aber worin besteht in diesem Falle Kleinheit, worin Größe? Für Gesinnungsethiker dürfte moralische Größe bedeuten, Zuwanderungswünschen solange es irgend geht nachzugeben. »Groß« hieße hier: zu erfüllen, entgegenzukommen und zu gewähren bis an die Grenzen der Zumutbarkeit. Für Verantwortungsethiker wäre dies keine Form von Größe, sondern bloße Nachgiebigkeit, die zur Willfährigkeit tendiert. Größe kann, so gesehen, nicht nur darin bestehen, allen Ansprüchen gegenüber kleinbeizugeben. Größe kann auch bedeuten, das zu verweigern, auf das kein Anspruch besteht. Sie könnte auch darin bestehen, über die Schatten der eigenen moralischen Impulse zu springen und sich in der schwierigen Kunst des Nein-Sagens zu üben, wenn zu befürchten steht,

86 Joachim Gauck, »Das Leiden der anderen«, in: *FAZ*, 22. Juni 2015, S. 8.

dass Willfährigkeit ins Desaster führt. Großzügigkeit angesichts der Zuwanderungspotentiale dürfte – ähnlich wie die Tollkühnheit und die Verschwendungssucht in der Tugendethik des Aristoteles – auch ein Extrem haben, wo sie aufhört, Pflicht oder Tugend zu sein. Versteht man Hartherzigkeit als das eine Extrem, so ist Willfährigkeit und Nachgiebigkeit vermutlich das andere Extrem. Die Verantwortungsethik muss sich vor der Hartherzigkeit ebenso hüten wie die Gesinnungsethik vor der Willfährigkeit.

Falls unsere Gesellschaft mehrheitlich eine Willkommenskultur als Moment einer im Alltag gelebten Sittlichkeit etablieren möchte, also wirklich gewillt und habituell darauf eingestellt ist, mit den Konsequenzen einer auf Dauer gestellten Massenzuwanderung zu leben, werden Verantwortungsethiker dies uneingeschränkt respektieren. Das ist jedoch keineswegs ausgemacht. Eine Willkommenskultur muss von Herzen kommen[87] und darf nicht bloß als moralische Pflicht auferlegt werden. Falls jedoch eine gelebte Sittlichkeit einer dauerhaften und von Herzen kommenden Willkommenskultur nicht als gesichert gelten kann und gesinnungsethisch motivierte Hilfsbereitschaft auch rasch wieder abebben könnte, so bleiben politische Szenarios möglich, die Verantwortungsethiker vermeiden und verhindern möchten.

Was passiert etwa dann, wenn in den nächsten Monaten größere Flüchtlingsproteste ausbrechen sollten, weil die Aufgenommenen sich anderes versprochen haben, mit ihrer Situation und dem Agieren der Behörden unzufrieden sind, sich eingepfercht und schikaniert fühlen, ihre Wünsche nicht respektiert sehen oder sich interne Spannungen unter ethnischen und religiösen Gruppen aufbauen? Dann werden die Gesinnungsethiker und die politischen Unterstützerszene vermut-

87 »Willkommen!« heißt immer: »Herzlich willkommen!«

lich bedingungslose Solidarität mit den Flüchtlingen beschwören und aktiv für diese Überzeugung einstehen müssen. Sie werden sich auf ein moralisches Recht auf zivilen Ungehorsam berufen. Wie aber würde eine Bürgerschaft reagieren, die mehrheitlich glaubt, Gutes an Flüchtlingen getan zu haben, wenn sie mit derartigen Protesten konfrontiert würde? Und was, wenn die Zuwanderungszahlen kontinuierlich so hoch bleiben, dass der Ausdruck »Völkerwanderung« immer sachadäquater wird?[88]

Kommende Regierungen brauchen für ihre Zuwanderungspolitiken in jedem Falle demokratische Input-Legitimation. Daher bedarf es einer Grundsatzdebatte der Bürgerschaft darüber, ob die Politik ihre Entscheidungen auf gesinnungs- oder verantwortungsethischer Grundlage treffen soll. Die Unterschiede zwischen beiden Ansichten sollten deutlich geworden sein. Im Angesicht dieser schwierigen Lage ist es zwingend notwendig, das Flüchtlingsthema zum Wahlkampfthema zu machen. Die Parteien sind in der Pflicht, hierzu offen klare Konzeptionen und Programme zu entwickeln und vorzustel-

88 Es ist philosophisch unklar, wie Gedanken kommen und gehen. Aber sowohl Gesinnungs- als auch Verantwortungsethikern dürfte der Gedanke gekommen sein, ob es (nicht) im Bereich des Diskutablen liegen könnte, im Rahmen einer zu schaffenden europäischen Flüchtlings- und Asylpolitik dann, wenn eine Übernahme des Art. 16a GG im Rahmen einer EU-Lösung ausgeschlossen wäre, dieses Individualgrundrecht in eine Staatszielbestimmung umzuwandeln. Etwa: »Die Bundesrepublik Deutschland betreibt im Rahmen internationaler Vereinbarungen und EU-Verträge eine Asyl- und Flüchtlingspolitik, die dem Ziel dient, allen Flüchtlingen weltweit Schutz zu gewähren. Das Nähere regeln die Gesetze.« Sicherlich kann man diese mögliche Verfassungsänderung aufs Schärfste zurückweisen, unterdrücken kann man Gedanken jedoch nicht, denn die Gedanken fliegen, wie es im Volkslied heißt, »vorbei wie nächtliche Schatten«.

len. Eine solche Politisierung bedeutet nicht, Wahlkampf auf dem Rücken von Flüchtlingen auszutragen, da gesinnungsethische Positionen auch in Parteizentralen und Parlamenten vertreten werden. Das Risiko liegt freilich auf der Hand: Jede Partei, die nicht verboten ist, darf zur Wahl antreten. Falsch wäre es dennoch, ein derartiges Politikum im Namen welcher Moral auch immer zu entpolitisieren.

Kleines Verzeichnis wichtiger Begriffe

(Die Seitenzahlen in Klammern verweisen auf die entsprechende Seite, auf der der Begriff definiert wird.)

brain drain: Abwanderung von gut ausgebildeten Personen in andere Länder. (S. 78.)

case for open borders: Plädoyer für unreglementierte Einwanderung bzw. völlig offene Grenzen. (S. 43.)

congestion: Stauwirkung, bei plötzlichem großem Andrang. (S. 35.)

Degrowth: Politische Theorie, die für eine Schrumpfung wirtschaftlicher Aktivitäten eintritt. (S. 70.)

failed state: Staaten, die zentrale staatliche Funktionen nicht (mehr) aufrechterhalten können. (S. 27.)

false negative / false positive: Unterschiedliche Irrtumsarten. Beispiel aus der Medizin: *false negative* liegt vor, wenn bei einer Diagnose eine Krankheit übersehen wird, die Patientin also fälschlicherweise für gesund gehalten wird. Bei einem *false positive* wird die Patientin fälschlicherweise für krank erklärt. (S. 34.)

Flüchtling (Def.): Eine Person, die vor jemandem oder etwas fliehen muss bzw. einen glaubhaften Fluchtgrund vorbringen kann. (S. 11.)

ius solis: Rechtsregel, nach der alle Kinder, die in einem bestimmten Land geboren werden, die Staatsbürgerschaft des Landes erhalten. Der Gegensatz zum *ius solis* ist das Abstammungsrecht, wonach Kinder die Staatsbürgerschaft der Eltern bzw. eines Elternteils erben. (S. 82.)

Neue Linke: Sammelbezeichnung für politische Gruppierungen, die die bürgerlich-kapitalistische Wirtschaftsweise und die repräsentative Demokratie grundsätzlich in Frage stellen und sich an sozialistischen, kommunistischen oder anarchistischen Idealen orientieren. (S. 45.)

Migrant (Def.): Eine Person, die aus seinem Herkunftsland auswandern und in ein anderes Land einwandern möchte. (S. 12.)

moral hazard: Ein riskantes Verhalten, das auf der Erwartung beruht, dass im Notfall Hilfe geleistet wird. Der Ausdruck entstammt ursprünglich der Versicherungswirtschaft und spielt in der Risikotheorie eine wichtige Rolle. (S. 42.)

overridingness: Eine Vorrangordnung, die moralische Gründen anderen Gründen überordnet. (S. 32.)

Paradoxie des Haufens: Verhältnis zwischen einer Mengenbezeichnung und ihren Elementen. Wie viele Sandkörner sind für einen Sandhaufen erforderlich? Wie viele Haare müssen ausfallen, bis man von »Glatzenbildung« spricht? Auch als »Sorites«-Problem bekannt. (S. 33.)

Refoulement-Verbot: Verbot, eine Person in ein Land abzuschieben, wenn ihr dadurch schwere Verstöße gegen ihre Menschenwürde, Folter, Todesstrafe, Zwangsarbeit usw. drohen. (S. 36.)

Suffizienz: Genügsamkeit und Mäßigung im Konsumverhalten. (S. 70.)

supererogatorisch: Übergebührliches Handeln, d. h. ein Handeln, das moralisch verdienstlich ist, dessen Unterlassung aber nicht vorzuwerfen ist. Beispiele: Mutige Rettungstaten, das Aufsichnehmen von großen Opfern. (S. 23.)

Xenophobie: Fremdenfeindlichkeit im Sinne einer grundsätzlichen Abneigung gegen und Geringschätzung von fremden Personen, nur weil diese fremd sind. (S. 65 f.)